薛晓辉 著

富水黄土隧道服役性能劣化机理及处治技术研究

清华大学出版社

北京

内 容 简 介

富水黄土隧道在服役过程中易产生衬砌开裂、剥落、渗漏水、空洞等病害,严重威胁隧道长期服役性能。为深入研究富水黄土隧道服役性能的劣化机理及处治技术,本书首先从理论角度研究富水黄土隧道结构劣化规律,建立了修正的荷载-结构理论模型,并从细观、宏观角度分析了围岩劣化机理及影响因素,进而采用物理模型试验从围岩-结构相互作用角度研究不同富水工况下隧道服役性能劣化机理,搭建了服役性能监测系统,提出了病害综合处治技术体系。

本书图文并茂,资料翔实,系统性强,可供富水黄土隧道病害处治研究人员及隧道工程设计、施工、检测、养护等相关技术人员参考,可为类似地质条件隧道工程研究提供一定的借鉴,也可作为高等学校岩土工程、隧道工程等专业师生的参考书。

版权所有,侵权必究。举报: 010-62782989, beiqinquan@tup.tsinghua.edu.cn。

图书在版编目(CIP)数据

富水黄土隧道服役性能劣化机理及处治技术研究/薛晓辉著.—北京:清华大学出版社,2023.6
ISBN 978-7-302-63365-5

Ⅰ.①富… Ⅱ.①薛… Ⅲ.①富水性-黄土区-土质隧道-隧道病害-整治-研究 Ⅳ.①U457

中国国家版本馆 CIP 数据核字(2023)第 064592 号

责任编辑: 鲁永芳
封面设计: 常雪影
责任校对: 赵丽敏
责任印制: 宋　林

出版发行: 清华大学出版社
网　　址: http://www.tup.com.cn, http://www.wqbook.com
地　　址: 北京清华大学学研大厦 A 座　　邮　编: 100084
社 总 机: 010-83470000　　邮　购: 010-62786544
投稿与读者服务: 010-62776969, c-service@tup.tsinghua.edu.cn
质量反馈: 010-62772015, zhiliang@tup.tsinghua.edu.cn
印 装 者: 大厂回族自治县彩虹印刷有限公司
经　　销: 全国新华书店
开　　本: 170mm×240mm　　印　张: 11.25　　字　数: 225 千字
版　　次: 2023 年 6 月第 1 版　　印　次: 2023 年 6 月第 1 次印刷
定　　价: 66.00 元

产品编号: 100486-01

前言

黄土隧道受开挖卸荷、地表强降雨、农田灌溉、人为活动、沟谷地形等因素的影响而形成富水段，导致围岩劣化程度较高，诱发隧道衬砌开裂、剥落、渗漏水、空洞等病害的形成，大幅降低隧道耐久性。目前，虽然国内外学者们针对富水黄土隧道已开展了大量细致而深入的研究工作，在富水黄土隧道病害特征、病害形成机理、处治技术等方面积累了一定的研究成果。但由于富水黄土隧道面临的工程地质条件复杂，其在工程实践过程中还面临着诸多的技术难题，尤其是在隧道结构劣化模式、荷载分布特征、劣化影响因素、劣化评价控制指标、处治技术等方面尚未形成系统、成熟的技术体系，因此有必要针对富水黄土隧道开展相关方面的研究工作。

本书采用现场调研、理论分析、数值模拟、模型试验、现场试验等研究手段，从富水黄土隧道结构的劣化表现形式、劣化后的荷载结构分析模型、围岩性状宏细观劣化机理、结构劣化发展规律、服役性能监测系统、劣化处治技术及效果评价等方面进行了研究，主要成果如下：在针对富水黄土隧道衬砌裂缝、渗漏水、空洞及层间脱空状况进行现场调研的基础上，总结分析隧道结构劣化的基本特征，并定性分析隧道服役性能劣化的表现形式及基本模式；基于现有黄土隧道荷载结构计算理论，考虑结构劣化影响下的相关参数对衬砌结构荷载分布的影响，建立修正的荷载-结构分析理论模型，并采用数值模拟手段验算其理论模型的准确性；研究了不同含水量及浸水时间下黄土围岩宏细观参数的变化规律，全面揭示富水黄土隧道围岩性状劣化影响因素及规律；研发了富水黄土隧道服役性能物理模型试验系统，从结构-围岩相互作用角度揭示了富水黄土隧道服役性能劣化机理及规律；搭建富水黄土隧道服役性能监测系统，进一步揭示了富水黄土隧道服役性能劣化规律；提出了基于地下水平衡理论的可控注浆加固技术与基于碳纤维编织网的衬砌病害快速修复技术，形成了富水黄土隧道病害综合处治技术体系。

本书相关成果的研究得到了国家交通运输部"黄土地区公路工程长期性能观测基地"设备购置项目（交规划函〔2014〕536号）、山西省交通运输厅科技项目（2015-01-18）、山西省重点研发计划项目（2017030111027）的资助，同时也得到了山西省交通运输厅、山西省交通科学研究院、山西路桥集团、吉河高速公路建设管理处、太原理工大学、中国科学院武汉岩土力学研究所等相关单位的大力支持与协助,在此表示衷心的感谢。另外,本书参考了国内外学者的有关论文、专著,引用及借鉴他们的相关研究成果,在此一并表示感谢。

希望本书的出版,能够对丰富、完善、提升我国高速公路黄土隧道建设技术贡献微薄之力,但鉴于作者水平有限,书中难免存在一些疏漏和不足之处,敬请读者朋友批评指正。

薛晓辉

2023年1月

目录

第1章 绪论 ··· 1

  1.1 引言 ··· 1

  1.2 本书主要内容 ··· 2

第2章 富水黄土隧道服役性能劣化状况调研与分析 ············· 4

  2.1 引言 ··· 4

  2.2 现场调研方案 ··· 4

    2.2.1 调研范围 ··· 4

    2.2.2 调研内容及方法 ·· 5

  2.3 衬砌结构服役性能调研成果分析 ································· 8

    2.3.1 衬砌裂缝几何形态 ··· 8

    2.3.2 衬砌裂缝分布位置 ··· 11

    2.3.3 渗漏水类型 ·· 12

    2.3.4 渗漏水分布位置 ·· 14

  2.4 围岩服役性能调研成果分析 ······································ 15

  2.5 服役性能劣化特性分析 ·· 19

    2.5.1 劣化表现形式 ··· 19

    2.5.2 劣化模式 ··· 20

  2.6 本章小结 ·· 20

第3章 富水黄土隧道结构性能劣化规律分析 ····················· 22

  3.1 引言 ··· 22

  3.2 黄土隧道荷载结构计算理论基础 ································ 22

    3.2.1 围岩压力计算方法 ··· 22

    3.2.2 衬砌结构计算方法 ··· 27

    3.2.3 衬砌安全性验算方法 ·· 28

  3.3 考虑隧道结构性能劣化的荷载结构理论模型 ················· 29

3.3.1　衬砌裂缝力学计算模型 …………………………………………… 29
　　　3.3.2　渗漏水力学计算模型 ……………………………………………… 32
　　　3.3.3　衬砌背后空洞力学计算模型 ……………………………………… 35
　3.4　隧道结构性能劣化的数值分析 …………………………………………… 39
　　　3.4.1　模拟方案设计 ……………………………………………………… 39
　　　3.4.2　数值计算模型及参数 ……………………………………………… 41
　　　3.4.3　计算结果及分析 …………………………………………………… 42
　3.5　本章小结 …………………………………………………………………… 46

第4章　富水黄土隧道围岩性状劣化机理研究 …………………………………… 47

　4.1　引言 ………………………………………………………………………… 47
　4.2　黄土微观结构的基本特性 ………………………………………………… 47
　4.3　围岩性状劣化的细观机理研究 …………………………………………… 49
　　　4.3.1　CT技术基本原理 …………………………………………………… 49
　　　4.3.2　CT试验设备 ………………………………………………………… 50
　　　4.3.3　试验基本方案 ……………………………………………………… 51
　　　4.3.4　试样制作 …………………………………………………………… 51
　　　4.3.5　试验数据处理方法 ………………………………………………… 52
　　　4.3.6　试验结果与分析 …………………………………………………… 54
　4.4　围岩性状劣化的宏观机理研究 …………………………………………… 60
　　　4.4.1　黏粒含量测试 ……………………………………………………… 60
　　　4.4.2　Zeta电位测试 ……………………………………………………… 62
　　　4.4.3　离子浓度测试 ……………………………………………………… 64
　　　4.4.4　抗剪强度测试 ……………………………………………………… 66
　4.5　本章小结 …………………………………………………………………… 67

第5章　富水黄土隧道服役性能劣化物理模型试验研究 ………………………… 68

　5.1　引言 ………………………………………………………………………… 68
　5.2　相似模型试验基本原理 …………………………………………………… 69
　　　5.2.1　相似定理 …………………………………………………………… 69
　　　5.2.2　相似常数的基本定义 ……………………………………………… 70
　　　5.2.3　相似条件关系的建立 ……………………………………………… 71
　　　5.2.4　相似关系的建立 …………………………………………………… 72
　5.3　围岩相似材料研究 ………………………………………………………… 73
　　　5.3.1　围岩相似材料的选择 ……………………………………………… 73
　　　5.3.2　围岩相似材料的物理性能测试 …………………………………… 76

5.4 隧道衬砌模型制作 ·· 81
5.4.1 隧道衬砌相似材料的选择 ·· 81
5.4.2 隧道衬砌相似材料力学性能测试 ·· 81
5.4.3 隧道衬砌模型的制作 ·· 83
5.5 模型试验箱及监测布设 ··· 85
5.5.1 试验模型箱设计方案 ·· 85
5.5.2 测试项目及传感器布设 ·· 87
5.6 模型试验工况方案 ··· 89
5.6.1 深埋两车道黄土隧道 ·· 89
5.6.2 浅埋偏压黄土隧道 ·· 91
5.6.3 大断面黄土隧道 ··· 92
5.6.4 试验具体步骤 ·· 94
5.7 模型试验结果分析 ··· 96
5.7.1 深埋两车道黄土隧道试验结果分析 ···································· 96
5.7.2 浅埋偏压黄土隧道试验结果分析 ······································ 100
5.7.3 大断面黄土隧道试验结果分析 ··· 105
5.7.4 富水黄土隧道服役性能劣化控制标准 ······························· 109
5.8 本章小结 ·· 110

第6章 富水黄土隧道服役性能监测系统搭建及应用 ································ 112
6.1 引言 ··· 112
6.2 围岩及初支结构服役性能监测技术 ·· 112
6.2.1 振弦式传感器基本原理 ·· 113
6.2.2 监测方案 ··· 115
6.2.3 传感器现场安装 ·· 115
6.3 衬砌结构服役性能监测技术 ·· 118
6.3.1 光纤传感器监测原理 ··· 118
6.3.2 监测方案 ··· 121
6.3.3 传感器现场布设 ·· 122
6.4 监测系统搭建技术 ·· 124
6.4.1 组网框架结构 ·· 125
6.4.2 数据传输原理 ·· 126
6.4.3 监测系统软件平台 ··· 126
6.4.4 技术优势 ··· 127
6.5 工程应用 ·· 128
6.5.1 工程概况 ··· 128

6.5.2　监测系统布设 …………………………………………………… 129
　　6.5.3　监测结果分析 …………………………………………………… 131
6.6　本章小结 …………………………………………………………………… 135

第7章　基于性能劣化的富水黄土隧道病害处治技术研究 …………………… 137
7.1　引言 ………………………………………………………………………… 137
7.2　富水黄土隧道病害处治现有技术 ………………………………………… 138
　　7.2.1　围岩加固 …………………………………………………………… 138
　　7.2.2　衬砌渗漏水处治 …………………………………………………… 139
　　7.2.3　衬砌结构加固 ……………………………………………………… 140
7.3　基于地下水平衡理念的可控注浆加固技术 ……………………………… 142
　　7.3.1　工程背景 …………………………………………………………… 142
　　7.3.2　制定处治方案 ……………………………………………………… 144
　　7.3.3　可控注浆施工工艺 ………………………………………………… 146
　　7.3.4　处治效果评价 ……………………………………………………… 148
7.4　基于碳纤维编织网的衬砌快速修复技术 ………………………………… 154
　　7.4.1　工程背景 …………………………………………………………… 154
　　7.4.2　基于性能劣化机理的隧道衬砌快速修复技术 …………………… 156
7.5　隧道病害综合处治技术体系 ……………………………………………… 162
7.6　本章小结 …………………………………………………………………… 163

参考文献 ……………………………………………………………………… 165

第1章

绪 论

1.1 引言

随着国家经济的快速发展及"一带一路"发展战略的不断实施,高速交通基础设施建设规模越来越大,其为地区经济的发展提供了良好的基础条件,带动了沿线地区经济繁荣和发展,对国家社会、经济的发展及空间格局的优化具有非常重要的战略意义。截至 2021 年底,我国高速公路通车总里程达 11.7 万千米,公路隧道共计 17738 处,单延米长度达 17236.1 km,位居世界第一位,我国已成为名副其实的"隧道大国";而且,习近平总书记在党的十九大报告中明确提出了"交通强国"的发展战略,全面推进交通基础设施的建设事业,在此形势下,我国高速公路隧道建设规模将随之突飞猛进。据不完全统计,在国家公路网中长期发展规划(2013—2030 年)期间,我国黄土地区将修建 6000~7500 km 高速公路,其中黄土隧道单延米里程将达 3500 km 左右,可见黄土隧道建设及运营工作仍任重道远!

我国是世界上黄土分布最为典型的国家之一,其厚度大、分布广、层序完整;我国黄土总分布面积达 64 万 km^2,占全国国土总面积的 6.3%,主要分布于山西、陕西、河南、甘肃、青海、宁夏等省区。根据地层沉积形成的年代,可将黄土地层分为老黄土(Q_1 午城黄土,Q_2 离石黄土)和新黄土(Q_3 马兰黄土,Q_4 现代黄土)。其中,老黄土形成年代较久,土质均匀,结构密实,在地下水作用下工程性质衰减幅度较小,不具有湿陷性;而新黄土结构疏松,节理裂隙发育,大孔隙及虫洞分布较多,在干燥状态下,其承载能力较强,但在地下水作用下结构强度迅速衰减,工程性质严重劣化。在我国黄土地区,新黄土分布面积约占 60%,尤其在中西部地区,湿陷性黄土分布面积所占比例极高。同时,由于黄土具有一系列独特的内部物质成分和外部形态特征,如结构疏松、富含碳酸盐、孔隙度大、透水性强、遇水易崩解等,在外荷载和自重作用下受水侵蚀后容易产生大变形。在黄土隧道施工过程中,其开挖卸荷过程是应力状态改变和变形发展的过程,围岩的结构性因扰动而显著降低;而且,隧道开挖卸荷作用使地下水向隧道周边不断渗透,形成汇水廊道,且在地表集中降雨、地表灌溉、人为活动、沟谷地形等因素的影响下,黄土隧道围岩含水量剧增,形成富水黄土隧道段,极易产生陷穴、落水洞、地表裂缝等病害,加剧黄土隧道围岩劣化程度。如连霍高速甘肃段新庄岭隧道地表出现两条明显裂缝,其发展方向与隧道轴向一致,且在隧道服役期内该地表裂缝持续发展,最大宽度达到50 cm,并伴随出现地表陷穴、落水洞等地质灾害;包西铁路新七楞山隧道在服役期内,由于受强降雨、地表农田灌溉等因素的影响,隧道地表产生多条地裂缝,且裂缝宽度发展迅速。

富水黄土隧道施工完成后,隧道结构与围岩即产生相互作用关系,围岩的劣化程度间接地反映在隧道结构的稳定性、耐久性方面,进而影响富水黄土隧道服役性能。当隧道开挖时,黄土地层劣化随之开始,围岩物理力学性质、天然应力场状态发生较大变化,围岩发生应力重分布和结构调整,力求达到新的平衡状态。由于黄土所特有的结构性、水敏性,其在地下水作用下强度大幅下降,尤其是富水黄土隧道围岩因饱和或湿陷,其承载力几乎全部丧失,围岩劣化程度极高。在此情况下,围岩荷载全部作用于隧道结构上,使得富水黄土隧道结构承载力过大,且目前工程界对富水黄土形成机理认识不足,其防治措施极为有限,从而导致富水黄土隧道在施工及运营过程中结构稳定性及耐久性差,病害频发。可见,富水黄土隧道服役期面临着严峻的技术挑战。

鉴于此,本书以富水黄土隧道为主要研究对象,围绕隧道服役性能劣化机理及处治技术全面开展研究工作;研究成果将为富水黄土隧道施工方案优化及养护决策制定提供技术支撑,大幅提升其服役性能,节约运营养护成本,丰富和发展黄土地区公路建设及养护技术水平,为新时代建设交通强国、助力"一带一路"发展战略实施贡献重要的技术力量。

1.2 本书主要内容

本书从富水黄土隧道服役性能状况现场调研出发,以考虑隧道衬砌病害影响的荷载结构力学计算修正模型为基础,以富水黄土隧道围岩、结构为主要研究对象,充分考虑围岩与结构的相互作用关系,对富水黄土隧道服役性能劣化机理及处治技术进行深入研究,主要包括以下研究内容。

(1) 结合典型富水黄土隧道工程,针对其衬砌裂缝、渗漏水、衬砌背后空洞、层间脱空等病害进行调研,并根据服役性能劣化产生条件及原因,通过定性分析,总结富水黄土隧道服役性能劣化的表现形式及基本模式。

(2) 总结分析现有黄土隧道荷载结构计算理论,考虑衬砌裂缝宽度、深度、渗漏水位置、空洞半径、空洞位置等富水黄土隧道结构性能劣化参数,建立修正的荷载结构理论模型,并利用数值模拟进行验证,全面揭示富水黄土隧道结构服役性能劣化机理及其影响规律。

(3) 总结分析黄土微观结构、基本工程性质,利用计算机断层扫描(CT)技术对不同含水量、不同浸水时间下的黄土试样进行扫描,从细观角度揭示黄土在富水状态下的强度劣化机理；利用室内试验手段研究黄土在浸水作用下的黏粒含量、Zeta电位、离子浓度、抗剪强度变化规律，从宏观角度分析富水黄土隧道围岩性状劣化机理。

（4）研发适用于富水黄土隧道服役性能物理模型试验的装置系统，利用该设备以深埋两车道、浅埋偏压、大断面黄土隧道为研究对象，重点考虑地表水下渗、周边裂隙水入渗、地下水位上升等因素的影响，研究黄土隧道在不同富水工况下的服役性能劣化机理。

（5）基于"传统振弦式＋分布式光纤传感器"相结合的手段、"洞内有线＋洞外无线"的组网方式，并配备数据自动采集、传输、处理系统，搭建富水黄土隧道服役性能监测系统，以实现全面监测富水黄土隧道服役性能的目的。

（6）总结分析富水黄土隧道病害处治现有技术，研究富水黄土隧道可控注浆加固技术及衬砌病害快速修复技术，基于富水黄土隧道服役性能劣化机理，研究基于性能劣化的富水黄土隧道病害综合处治技术体系。

本书从以上几个方面对富水黄土隧道结构劣化机理及处治技术进行了全面而深入的研究，对于提高穿越富水黄土地层的隧道工程建设质量、保证隧道运营安全、降低隧道运营养护费用都具有十分重要的社会经济意义，也丰富和发展了黄土隧道建设及运营技术，为类似工程的研究及实践提供了一定的借鉴和参考。

第2章 富水黄土隧道服役性能劣化状况调研与分析

2.1 引言

黄土作为一种第四纪沉积物,具有一系列独特的内部物质成分和外部形态特征,如结构疏松、富含可溶盐、孔隙度大、透水性强、遇水易崩解等,其在地下水及荷载耦合作用下极易产生大变形。在黄土隧道施工过程中,其开挖卸荷过程是围岩应力状态改变和变形发展的过程,围岩的结构性因扰动而显著降低;同时,隧道开挖卸荷作用使地下水向隧道围岩渗透过来,形成汇水廊道,引起隧道围岩含水量的增加,形成黄土隧道的富水环境。也就是说,黄土隧道在施工初期阶段通常处于干燥或低含水率状态,随着开挖卸荷作用而产生集水廊道效应,围岩含水量逐渐增大,衬砌背后积水量不断增大,而长期大量排水极易带走黄土围岩中的细小颗粒,在衬砌背后形成空洞,威胁隧道整体结构稳定性;而且,随着黄土隧道围岩含水量的增大,围岩劣化程度增大,围岩自稳能力下降,隧道支护结构承受荷载增大,极易引起衬砌开裂、剥蚀、渗漏水、基底隆起等病害。总之,在富水黄土隧道服役过程中,其性能劣化形势极为严峻,但由于富水环境影响因素较多、围岩与支护结构相互作用机理不明确、服役性能劣化表现形式多样,则富水黄土隧道服役性能劣化机理极为复杂,严重阻碍了富水黄土隧道建设及运营养护技术的发展。

鉴于此,本章以现场调研为主要研究手段,选取多座典型富水黄土隧道作为依托工程,采用裂缝测宽仪、裂缝测深仪、振弦式测缝计、数码相机、卷尺、地质雷达等设备,重点围绕富水黄土隧道衬砌结构、围岩的服役性能开展调研工作,并通过定性分析以全面阐述和揭示富水黄土隧道服役性能的劣化状况,为进一步研究富水黄土隧道服役性能劣化机理、服役性能监测系统及处治技术提供技术支撑。

2.2 现场调研方案

2.2.1 调研范围

我国黄土分布面积达 64 万 km^2,分布于西起新疆伊犁,东至山东胶东,北起吉林、内蒙古,南至云南、西藏等区域,其中山西省是我国黄土集中连续分布的主要地区,其黄土地层较为典型。山西黄土主要分布在晋西、晋东地区,其中晋西主要是指西起黄河,东至吕梁,南起河津,北至临县的区域;而晋东主要是指西起吕梁山脉,东至太行山脉,南起垣曲、晋城,北至大同、阳高县。其中,晋西地区分布有2类黄土地层的标准剖面,即隰县午城黄土和离石黄土。午城黄土呈棕红、棕褐色,其垂直节理不发育,土质紧密坚硬,含有大量的钙质结核;而离石黄土土质均匀,垂直节理裂隙较为发育,含有一定量的钙质结核,且夹有多层古土壤层,一般不具有湿陷性。山西新黄土主要分布于晋西地区、汾河流域,尤其是全新世新近堆积黄土,其湿陷性、压缩性极为明显,湿陷等级为Ⅲ～Ⅳ级,承载力特征值仅为 75.2 kPa,其工程性质较差。

近年来,山西省高速公路建设规模迅速增大,预计到2020年底,全省运营高速公路将达 7258 km,路网密度达到 4.6 千米/百平方千米,基本实现省会太原市与周边省会城市、地级市之间的高速直达,并与干线公路网、农村公路网连接,形成了发达的交通基础设施网络,全省所有县市实现高速公路半小时覆盖。目前,山西省运营高速公路隧道共计 602 座,单延米长度达 535 km,其中特长公路隧道为 50 座,长隧道为 84 座。本书在初步梳理山西省高速公路隧道基本特征的基础上,综合考虑黄土分布特性、水文地质、气象、隧道修建年代、隧道类型等因素,选取临(县)离(石)、太(原)佳(县)、岢(岚)临(县)、山(阴)平(鲁)、祁(县)临(汾)、太(原)阳(泉)、吉(县)河(津)等高速公路上共计20余座典型富水黄土隧道进行调研,其覆盖了山西汾河流域、晋西地区、晋东地区、晋北地区等地质特征区,并包含了小净距、大断面、连拱等特殊型式黄土隧道,其具体分布情况如图 2.2.1 所示。

2.2.2 调研内容及方法

本书在前期施工及运营期养护资料搜集和现有文献查阅的基础上,对典型富水黄土隧道开展详细的现场调研工作,其调研工作的主要包括两个方面的内容:①隧道结构服役性能状况,即裂缝几何形态、裂缝分布位置、裂缝宽度、渗漏水类型、渗漏水分布位置等;②隧道围岩服役性能状况,即空洞或层间脱空的轴向尺寸、分布位置等。除此主要内容之外,还附属性地搜集了隧址区的水文地质、气象、地形地貌、施工期地质灾害、处治措施等其他资料。

在隧道衬砌裂缝调研方面,首先采用 GTJ-FKY 型裂缝测宽仪测量裂缝宽度值,其基于电子成像技术,将裂缝图形准确呈现在主机屏幕上,并利用刻度尺读取裂缝宽度值,其测量程为 0～5 mm,精度可达 0.02 mm,其现场操作情况如图 2.2.2 所示。其次,采用 GTJ-FSY 型裂缝深度测试仪测量裂缝深度值,其基于超声波测试原理,对裂缝进行不跨缝声时测量和跨缝声时测量,即先将两个换能器紧贴裂缝同一侧的混凝土表面,变化换能器间距 l'(可取 50 mm、100 mm、150 mm

图 2.2.1　山西省典型富水黄土隧道分布

图 2.2.2　裂缝宽度现场调研

等值),读取对应的声时值 t_i;再将两个换能器紧贴裂缝两侧混凝土表面,使其垂直于裂缝走向,同样变换间距,读取对应声时值 t_i';此时裂缝深度可由下式计算:

$$d_i = \frac{l_i}{2}\sqrt{\left(\frac{t_i'}{t_i}\right)^2 - 1} \tag{2.2.1}$$

为提高裂缝深度的监测准确性,可选择现场取芯法作为辅助手段进行验证、校核,其具体现场操作情况如图 2.2.3 所示。最后,采用 JM 型振弦式测缝计测试衬砌裂缝宽度发展趋势,其量程为 0～25 mm,精度可达±0.25%F.S;在现场安装过程中,先将两个锚头锚固在隧道衬砌裂缝两侧,再将测缝计固定在两个锚头上,通过定期或不定期到现场采集数据,即可获得裂缝宽度发展趋势情况,其现场情况如图 2.2.4 所示。

 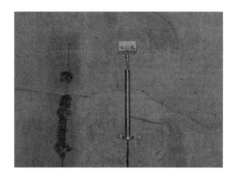

图 2.2.3 裂缝深度现场调研　　图 2.2.4 隧道衬砌裂缝发展趋势现场调研

值得注意的是,在富水黄土隧道衬砌结构裂缝现场调研过程中,首先采用人工观察法对裂缝进行初步筛选,确定典型隧道衬砌裂缝后,采用裂缝测宽仪、裂缝测深仪、振弦式测缝计对裂缝进行精准测试。由于隧道内光线相对昏暗,在该环境下肉眼能观察到的裂缝宽度最小值为 0.1 mm 左右,小于该值的裂缝不在本次统计范围内,但其并不影响整个现场调研工作的科学性。

在隧道衬砌渗漏水现场调研方面,由于不同类型渗漏水的形成机理及渗水量不同,其对应的现场测试方法也不同。例如,湿渍为隧道衬砌混凝土表面呈现出的明显的潮湿痕迹,其通常是由隧道衬砌混凝土温缩裂缝引起的,其渗水量较小,在现场调研时可用手去触摸混凝土表面,感觉其有无明显湿斑,也可用报纸粘贴该处,查看纸张颜色是否产生变化;而滴漏、渗水等类型的渗漏水量相对较大,可采用带有刻度的量杯收集其渗漏水,并用秒表计时,从而准确计算出单位时间内的渗水量(L/min),进而明确隧道渗漏水类型。

对于富水黄土隧道围岩服役性能而言,若采取直接调研手段则需在现场取样,并结合室内试验测试其力学性能,但其对隧道支护结构产生破坏,且现场操作复杂、成本高、时间长,不适用于大规模的现场调研工作。因此,本书采用无损探测法对隧道衬砌背后空洞、层间脱空等状况进行调研,间接反映围岩服役性能。现有无损探测方法主要有地质雷达、超声波和锤击回声法等,其中地质雷达探测法具有精度高、抗干扰能力强、现场操作快捷、数据解译方便等优点,且其技术成熟度高,结果可靠性强,本书采用地质雷达探测法对隧道衬砌背后空洞及层间脱空的位置、尺寸进行全面调研。首先,选用 SIR-20 型雷达主机及 400 MHz 天线,分别在隧道拱顶、左右拱肩、左右边墙共布设 5 条测线;其次,将地质雷达的信号发射、接收天线密贴于隧道衬砌表面,电磁波通过天线进入隧道衬砌及背后围岩,在传播过程中遇到界面将产生反射,接收天线收到反射波信号;最后,通过测试反射波的入射、反射双向走时,解析衬砌背后空洞位置及规模,其现场调研情况如图 2.2.5 所示。

图 2.2.5 隧道衬砌背后空洞现场调研

2.3 衬砌结构服役性能调研成果分析

衬砌裂缝是隧道结构服役性能劣化的重要表现形式之一,且由于衬砌结构为隧道防水的最后一道防线,隧道裂缝直接决定富水黄土隧道结构的防水效果。根据《混凝土结构设计规范》(GB 50010—2010)中的相关规定,混凝土结构在最高裂缝控制等级下所允许的裂缝最大宽度为 0.2~0.3 mm;而根据《地下工程防水技术规范》(GB 50108—2008)中的相关规定,最高级别防水标准中限定的裂缝宽度最大值为 0.1 mm;而在实际工程中,由于水分子直径仅为 0.3×10^{-6} cm,则即使是隧道衬砌中最微小的裂缝也可为地下水渗流提供通道。据不完全统计,在富水黄土隧道渗漏水的形成影响因素中,因衬砌裂缝而产生渗漏水的情况占比达 60%。可见,富水黄土隧道衬砌裂缝与渗漏水通常伴随发生,在隧道结构服役性能现场调研过程中,应针对衬砌裂缝、渗漏水状况一并开展调研工作。

2.3.1 衬砌裂缝几何形态

在富水黄土隧道衬砌裂缝的几何形态调研方面,可根据裂缝走向与隧道轴线的相互关系进行分类,主要分为 4 类,即纵向、网状、环向、斜向,其具体情况如图 2.3.1 所示;根据本次调研的裂缝几何形态的成果,分析其各类裂缝的数量及比例,其具体情况如图 2.3.2 所示。

由图 2.3.2 可以看出,富水黄土隧道衬砌裂缝中最主要的几何形态为纵向裂缝,其占比达 49.0%,其主要产生在隧道洞口段及地质变化段,隧道衬砌承受较大剪切应力而引起剪切破坏,其对隧道服役性能影响较大;其次占比较大的为环向裂缝,其比例高达 36.5%,其主要发生在隧道施工缝及沉降缝处;网状、斜向裂缝

第2章 富水黄土隧道服役性能劣化状况调研与分析

图 2.3.1 隧道衬砌裂缝走向分类
（a）纵向裂缝；（b）网状裂缝；（c）环向裂缝；（d）斜向裂缝

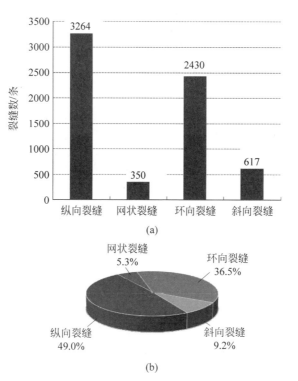

图 2.3.2 隧道衬砌裂缝几何形态分类统计
（a）裂缝几何形态数量；（b）各类裂缝所占比例

所占比例相对较小,其主要发生在拱肩、拱脚、设备箱等应力集中的位置。

在富水黄土隧道衬砌裂缝宽度调研方面,首先根据《混凝土结构设计规范》(GB 50010—2010)中推荐的裂缝等级宽度,可将裂缝宽度分为 4 类,即大裂缝($w \geqslant 3.0$ mm)、中裂缝(1.0 mm$\leqslant w<3.0$ mm)、小裂缝(0.2 mm$\leqslant w<1.0$ mm)和微裂缝($w<0.2$ mm);同时,鉴于新、旧隧道的裂缝宽度分布情况区别较大,本书将服役 10 年内的隧道定义为"新隧道",而将服役 10 年以上的隧道定义为"旧隧道",在本次重点调研的 20 座富水黄土隧道中,新隧道占比为 80%,而旧隧道占比为 20%;其具体调研结果如图 2.3.3 所示。

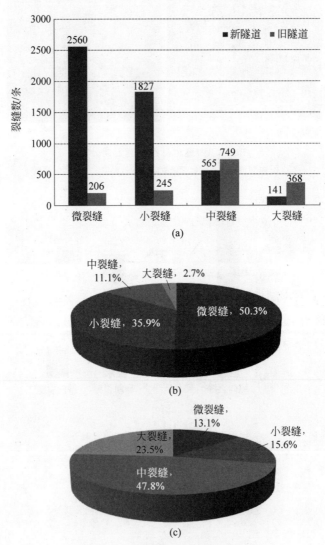

图 2.3.3　隧道衬砌裂缝宽度统计
(a) 新旧隧道衬砌裂缝柱形图;(b) 新隧道衬砌裂缝饼图;(c) 旧隧道衬砌裂缝饼图

从图 2.3.3 中可以看出,富水黄土隧道的"新隧道"、"旧隧道"两者衬砌裂缝宽度分布规律差异较大,新隧道衬砌裂缝以微裂缝、小裂缝为主,其占比分别达到 50.3% 和 35.9%,其主要由隧道衬砌混凝土施工过程中的失水、温缩而引起的,其对隧道结构服役性能影响相对较小;但在富水工况下,地下水易通过微小裂缝浸入混凝土内部,进而对钢筋产生浸蚀作用,影响隧道结构服役性能。而在旧隧道中,以中裂缝、大裂缝为主,其所占比例分别达 47.8% 和 23.5%,其主要由富水黄土隧道基底不均匀沉降、围岩劣化度高、浅埋偏压等不良地质状况引起,对隧道整体稳定性及耐久性造成严重威胁,降低隧道结构服役性能。

2.3.2 衬砌裂缝分布位置

结合上述 20 座典型富水黄土隧道服役性能现场调研结果,可根据衬砌裂缝分布位置将其分为 4 类,即拱顶裂缝、拱肩裂缝、边墙裂缝、横洞与主洞交叉口裂缝;其余部位裂缝分布较少,仅为极个别情况,因此不计为主要裂缝分布位置。4 类不同分布位置裂缝的现场具体情况如图 2.3.4 所示,其现场调研统计结果如图 2.3.5 所示。

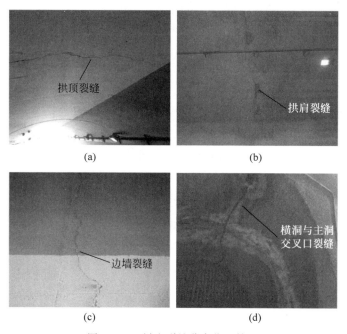

图 2.3.4 衬砌裂缝分布位置情况
(a) 拱顶裂缝;(b) 拱肩裂缝;(c) 边墙裂缝;(d) 横洞与主洞交叉口裂缝

从图 2.3.5 中可以看出,富水黄土隧道衬砌裂缝主要集中分布在拱肩和边墙处,其所占比例分别达到 45.9% 和 35.7%。此产生的原因主要是:在富水黄土隧道拱部,由于土体垂直节理裂隙发育、虫洞及大孔隙发育,在施工扰动下易产生

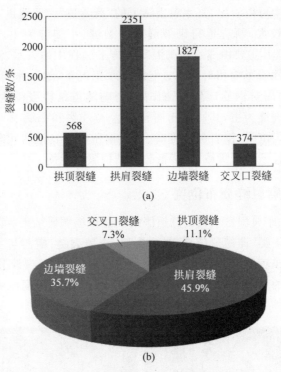

图 2.3.5 衬砌裂缝分布位置统计结果
(a) 裂缝分布位置具体数量；(b) 各类裂缝所占比例

整体塌落,使得隧道结构拱部承受松动压力,其主要作用于拱肩部位,使其产生张拉裂缝；而在隧道边墙部位,围岩与支护结构接触紧密,支护结构在围岩较大水平侧压力作用下产生形变压力,进而产生剪切裂缝。横洞与主洞交叉口处的裂缝在总体中占比虽然较小,但在本次调研的 85 个横洞交叉口处,有 72.6% 的交叉口均存在裂缝,其占比极高；此主要原因在于横洞与主洞交叉口处存在工序变换,其施工质量难以保证,且该处易产生应力集中现象,影响隧道衬砌结构整体性能。

2.3.3 渗漏水类型

根据《公路隧道养护技术规范》(JTG H12—2015)中的相关规定,隧道渗漏水按其渗水量大小可分为 5 类,即湿渍(衬砌混凝土表面存在明显湿斑)、渗水(衬砌混凝土表面存在挂水)、水珠(衬砌混凝土表面存在明显水珠,滴落速度小于 1 滴/min)、滴漏(衬砌混凝土表面水珠滴落速度大于 1 滴/min)、线漏(地下水呈线状或股状喷出)。在本次现场调研过程中,未发现线漏情况,因此将富水黄土隧道渗漏水类型初步定为 4 类：湿渍、渗水、水珠、滴漏,其现场具体情况如图 2.3.6 所示,其具体调研统计结果如图 2.3.7 所示。

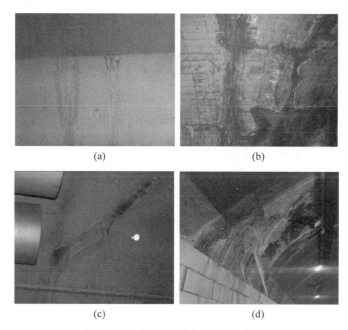

图 2.3.6 隧道渗漏水类型现场情况
（a）湿渍；（b）渗水；（c）水珠；（d）滴漏

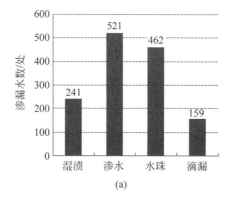

图 2.3.7 隧道渗漏水类型统计结果
（a）渗漏水类型具体数量；（b）各类渗漏水所占比例

从图 2.3.7 中可以看出,富水黄土隧道渗漏水的主要类型为渗水、水珠两类,其所占比例分别为 37.7% 和 33.4%,其渗水量相对较小,对隧道衬砌直接危害较小,但在隧道养护及病害处治中易被忽略,在其长期作用下易诱发隧道衬砌钢筋锈蚀,弱化隧道结构承载力,影响其结构服役性能。滴漏所占比例较低,仅为 11.5%,但其渗水量相对较大,易形成路面积水结冰,并引起衬砌冻害,对隧道结构整体耐久性及行车安全造成较大威胁,是富水黄土隧道服役性能劣化处治的重点目标。

2.3.4 渗漏水分布位置

根据本次调研结果,富水黄土隧道渗漏水主要发生在洞口、浅埋偏压、沟谷地形及地质变化段,其与围岩的富水状态及地表水补给情况关系紧密;而就隧道渗漏水发生的具体位置而言,其主要集中在拱顶渗、拱肩、边墙、拱脚、施工缝、设备箱周边等部位,其现场具体情况如图 2.3.8 所示,其调研成果统计情况如图 2.3.9 所示。

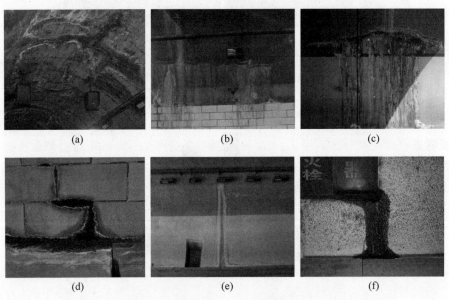

图 2.3.8　隧道渗漏水分布位置现场情况
(a) 拱顶渗漏水;(b) 拱肩渗漏水;(c) 边墙渗漏水;(d) 拱脚渗漏水;
(e) 施工缝渗漏水;(f) 设备箱部位渗漏水

从图 2.3.9 中可以看出,富水黄土隧道衬砌边墙为渗漏水的主要分布位置,其占比达到 42.1%,其主要原因在于边墙处裂缝较多,均为剪切裂缝,宽度相对较大,为渗漏水提供良好通道;同时,富水黄土隧道地下水渗流易带走黄土体中的细小颗粒,将防排水系统堵塞,从而汇集至隧道衬砌边墙背后,通过剪切裂缝渗出而形成明显渗漏水。其次,拱肩及拱脚处渗漏水也相对较多,所占比例分别为 18.6% 和 14.8%,其进一步反映了拱肩及拱脚处围岩劣化程度高,存在局部富水体状况,易

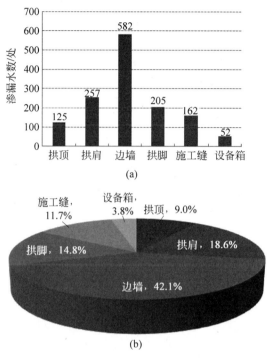

图 2.3.9 隧道渗漏水分布位置统计结果
(a) 渗漏水分布位置具体数量；(b) 各类渗漏水所占比例

造成隧道整体荷载分布不均匀，威胁隧道结构服役性能。设备箱周边渗漏水所占比例相对较小，仅占渗漏水总数的3.8%，其原因主要在于设备箱周边应力集中，裂缝分布较多，且其通常处于边墙处，背后易汇水，导致其渗漏水发生比例较高，对隧道衬砌结构服役性能造成一定威胁。

2.4 围岩服役性能调研成果分析

当隧道衬砌背后接触紧密时，衬砌结构与围岩相互作用过程中，围岩可为衬砌结构提供充足的地层反力，使得支护结构处于良好的受力状态；而当衬砌背后接触状态不良时，隧道衬砌结构的力学状态受到影响，极易产生应力不均衡现象，尤其是当隧道衬砌背后空洞规模较大时，在车辆荷载、地下水等因素的作用下，空洞周边围岩极易产生松动，造成围岩整体稳定性降低，影响隧道衬砌耐久性及安全性。根据现有文献资料及现场情况可知，富水黄土隧道衬砌背后接触不良状态主要分为衬砌背后空洞和层间脱空两类，通过对典型的隧道衬砌背后空洞及层间脱空的调研，所得雷达检测波形图如图2.4.1~图2.4.4所示，所得不同部位、不同轴向尺寸的隧道衬砌背后接触状态结果如图2.4.5~图2.4.7所示。

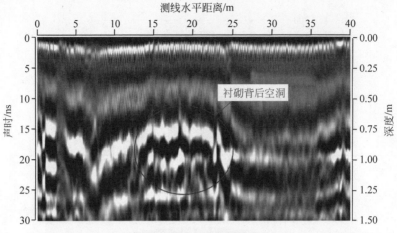

图 2.4.1 阳曲 1 号隧道边墙处空洞

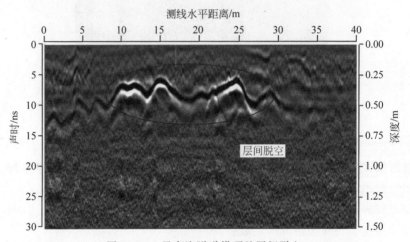

图 2.4.2 弓家沟隧道拱顶处层间脱空

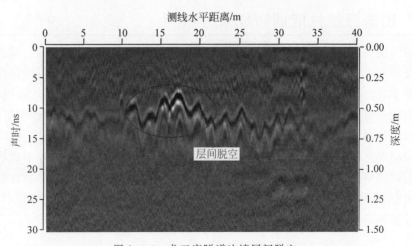

图 2.4.3 龙王庙隧道边墙层间脱空

第2章 富水黄土隧道服役性能劣化状况调研与分析

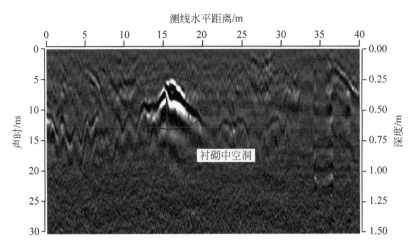

图 2.4.4 乔原隧道拱肩处空洞

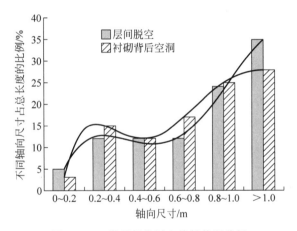

图 2.4.5 拱顶部位衬砌接触状况分析

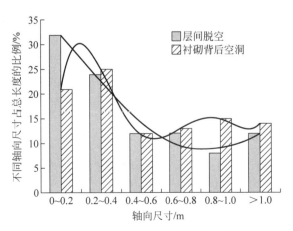

图 2.4.6 拱肩部位衬砌接触状况分析

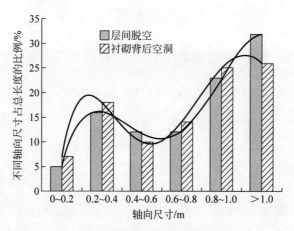

图 2.4.7 边墙部位衬砌接触状况分析

从图 2.4.5 中可以看出,富水黄土隧道拱顶部位衬砌层间脱空与衬砌背后空洞在轴向尺寸分布方面的特征基本类似,轴向尺寸为 0.8~1.0 m 及大于 1.0 m 的层间脱空所占比例较高,分别达到了 24% 和 35%;在相同条件下,轴向尺寸为 0.8~1.0 m 及大于 1.0 m 的隧道衬砌背后空洞所占比例分别为 25% 和 28%。可见,拱顶部位衬砌接触状况较差,分布有大量的层间脱空及空洞,严重恶化了隧道支护结构与围岩的相互作用,将直接或间接地诱发各种隧道病害,对富水黄土隧道健康状况产生了严重威胁。经初步分析,此原因主要在于富水黄土隧道在施工过程中极易因围岩自稳能力差而在拱顶部位产生超挖,使得初期支护结构施工过程中很难与围岩充分接触,导致初期支护与围岩间层间脱空发生比例较高;而且,拱顶部位模注混凝土在浇筑过程中极易由泵送压力不足而导致初期支护与二次衬砌间接触不良,造成层间脱空或空洞。

从图 2.4.6 中可以看出,富水黄土隧道拱肩部位衬砌层间脱空和空洞的轴向尺寸主要分布在 0~0.2 m 及 0.2~0.4 m,其中轴向尺寸为 0~0.2 m 的层间脱空所占比例高达 32%,而轴向尺寸为 0.2~0.4 m 的空洞所占比例为 25%。可见,富水黄土隧道拱肩部位衬砌背后存在大量的轴向尺寸较小的层间脱空和空洞。此原因在于黄土隧道支护结构在富水条件下的整体受力状态呈"猫耳朵"形,即拱肩部位支护结构压应力较大,导致该部位初期支护变形较大,使得初期支护结构与二次衬砌间无法紧密接触;同时,拱肩部位模注混凝土在浇筑过程中同样因泵送压力不足而产生局部层间脱空或空洞。

从图 2.4.7 中可以看出,边墙部位衬砌层间脱空及背后空洞的轴向尺寸分布规律与拱顶部位基本类似,即为大尺寸的层间脱空或空洞所占比例较高,尤其是轴向尺寸大于 1.0 m 的层间脱空所占比例高达 32%。可见,富水黄土隧道边墙部位衬砌接触状态极差,其对隧道整体力学特性产生较大影响,严重威胁富水黄土隧道支护结构稳定性及安全性。此原因在于,黄土隧道开挖后,在围岩卸荷作用下隧道形成汇水廊道,地下水逐渐汇集至隧道围岩中,使得边墙部位围岩承载力严重下降,在施工过程中易产生超挖现象,导致围岩与初期支护间产生层间脱空;同时,在富水黄土隧道运营期,在地表灌溉、强降雨、沟谷地形等因素作用下,地表水大量下渗,汇集至隧道衬砌边墙背后,且由于黄土细小颗粒含量较大,在地下水流失过程中逐渐"掏空",导致隧道初期支护结构与围岩间极易形成空洞,劣化了结构与围岩间的接触状态,减弱了围岩为结构提供的支撑力,严重影响结构整体稳定性及安全性。

2.5 服役性能劣化特性分析

2.5.1 劣化表现形式

(1) 结构变形量大,持续时间长。

根据上述富水黄土隧道服役性能现场调研成果,结合黄土基本工程特性,可以看出富水黄土隧道围岩在地下水作用下具有明显的流变特性,即在围岩荷载不变的条件下,土体应力应变随时间的推移而不断增长;在黄土流变特性的影响下,富水黄土隧道的应力场、应变场长期处于非稳定状态。结合施工期监测资料[1-2]可以看出,富水黄土隧道在双侧壁导坑法、交叉中隔壁(CRD)法、中隔壁(CD)法及三台阶七步开挖法等施工工法条件下的地表沉降、拱顶下沉、周边收敛等变形量普遍较大,尤其是拱顶下沉最大值可达 25 cm 左右;同时,根据现有文献资料搜集及现场监测结果可知[3-6],富水黄土隧道在施工完成后 2~3 年内其围岩应力仍呈增长趋势,衬砌结构变形仍处于发展阶段。总之,富水黄土隧道结构变形量大,持续时间较长,易引起隧道衬砌开裂、渗漏水、错台、底板隆起等病害的发生,是隧道服役性能劣化最直接的表现形式。

(2) 围岩强度衰减严重,自稳能力差。

富水黄土隧道在施工开挖卸荷作用下,隧道形成地下水汇集廊道,地下水逐渐汇集至隧道周边围岩中,严重破坏了黄土的结构性及围岩拱效应,使得围岩强度大幅衰减。对于富水黄土隧道服役期而言,黄土围岩细小颗粒含量较大,在地下水渗流过程中被带走,且黄土围岩中钙质矿物成分含量较大,易形成白色结晶体,在细小颗粒及白色结晶体作用下黄土隧道排水系统极易堵塞,使得地下水聚集在隧道衬砌边墙及拱脚部位。根据富水黄土隧道局部钻孔勘探结果显示,部分黄土隧道边墙及拱脚部位的围岩含水量达到饱和状态,产生泥化现象,围岩强度大幅下降甚至全部丧失。可以说,富水黄土隧道围岩强度衰减严重、自稳能力差,导致其服役状态与设计状态差别较大,是隧道服役性能劣化的最大隐患。

(3) 衬砌背后接触状态较差,应力分布不均衡。

在黄土隧道设计中,根据不同的地质条件,采用合理的支护参数及施工工法,隧道在施工完成后初期支护结构与围岩、二次衬砌与初期支护之间紧密接触,使得隧道围岩与支护结构形成良好的相互作用体系,围岩为支护结构提供充分的地层抗力，使得隧道支护结构处于良好的受力状态，保证支护结构整体稳定性。然而，通过上述现场调研可以看出，富水黄土隧道衬砌背后分布有较多的轴向尺寸大于1.0 m 的层间脱空或空洞。可见，富水黄土隧道围岩强度衰减严重，初期支护变形较大，加之围岩开挖过程中易产生超挖现象，导致层间脱空及衬砌背后空洞的发生，劣化了结构与围岩间的接触状态，减弱了围岩为隧道结构提供的支撑力，导致隧道结构极易产生局部应力集中现象，诱发富水黄土隧道产生衬砌开裂、渗漏水、底板隆起等病害。可以说，衬砌背后接触状态较差、应力分布不均衡是富水黄土隧道服役性能劣化的间接表现形式。

2.5.2 劣化模式

(1) 结构弱化型。

基于上述现场调研成果及前期研究成果可以看出，富水黄土隧道结构在服役期的劣化主要受施工缺陷、服役环境等因素的影响。首先在施工缺陷方面，隧道结构的错台、温缩裂缝、保护层厚度不足、钢筋外露、锈蚀、材质劣化等缺陷导致其因承载力不足而产生剪切破坏，进而引起裂缝、渗漏水、衬砌剥落、掉块等病害的发生；而在服役环境方面，在地下水入渗、冻胀、松弛土压、偏压、膨胀性土压等不良条件的影响下，富水黄土隧道的服役环境急剧恶化，隧道结构在水、力的耦合作用下产生剪切、扭转、张拉破坏，进一步加剧了隧道衬砌裂缝、渗漏水等病害的发生，使得富水黄土隧道产生显著的性能劣化。总之，结构弱化是富水黄土隧道服役性能劣化的基本模式，其决定了隧道服役性能劣化的外在表现形式。

(2) 围岩弱化型。

黄土垂直节理裂隙发育，竖向渗透性较强，在地表灌溉、强降雨、沟谷地形等因素的影响下，隧道围岩含水量增大；而且，在黄土隧道施工阶段，开挖卸荷作用使得围岩裂隙水向隧道周边汇集，隧道形成汇水廊道，围岩含水量增大甚至于达到饱和状态。在此情况下，富水黄土隧道围岩压力由变形压力逐渐转变为松散压力，支护结构所承受的荷载逐渐增大，极易导致衬砌开裂、初期支护结构弯曲变形。同时，由于富水黄土隧道施工缺陷及地下水流失导致衬砌背后产生层间脱空、空洞等病害，劣化了结构与围岩间的接触状态，减弱了围岩为结构提供的支撑力，导致隧道结构整体荷载分布不均衡，进而诱发衬砌开裂、渗漏水、底板隆起等病害。可以说，围岩弱化是富水黄土隧道服役性能劣化的重要模式，其决定了隧道服役性能劣化的内在机理。

2.6 本章小结

本章利用现场调研手段，从富水黄土隧道结构、围岩服役性能角度出发，针对隧道衬砌裂缝、渗漏水、衬砌背后空洞、层间脱空等病害进行深入调研，并根据服役性能劣化产生条件及原因,通过定性分析,总结出富水黄土隧道服役性能劣化的表现形式及基本模式,其研究结果如下所述。

(1) 富水黄土隧道裂缝几何形态主要为纵向和环向,其主要发生在隧道洞口段、地质变化段及施工缝、沉降缝处;新隧道以微、小裂缝为主,而旧隧道以中、大裂缝为主;衬砌裂缝主要集中分布在拱肩和边墙处,横洞与主洞交叉口处的裂缝分布较多。

(2) 富水黄土隧道渗漏水的主要类型为渗水、水珠两类,滴漏所占比例较低,仅为 11.5%,但其渗水量相对较大,是富水黄土隧道服役性能劣化处治的重点目标;衬砌边墙为渗漏水的主要分布位置,其占比达到 42.1%,对隧道衬砌结构服役性能造成威胁。

(3) 富水黄土隧道衬砌背后接触状态不良的主要形式为层间脱空及衬砌背后空洞。在拱顶部位,轴向尺寸为 0.8~1.0 m 及大于 1.0 m 的层间脱空及空洞所占比例较高;拱肩部位衬砌层间脱空和空洞的轴向尺寸主要分布在 0~0.2 m 及 0.2~0.4 m,其中轴向尺寸为 0~0.2 m 的层间脱空所占比例高达 32%;边墙部位衬砌层间脱空及背后空洞的轴向尺寸分布规律与拱顶部位基本类似,大尺寸的层间脱空或空洞所占比例较高。

(4) 富水黄土隧道服役性能劣化表现形式主要有:结构变形量大、持续时间长,围岩强度衰减严重、自稳能力差,衬砌背后接触状态较差、应力分布不均衡;根据富水黄土隧道服役性能劣化条件,可将其分为结构弱化型、围岩弱化型,其分别决定了劣化的外在表现形式及内在机理。

第3章 富水黄土隧道结构性能劣化规律分析

3.1 引言

结合第 2 章的研究成果可以看出,结构弱化是富水黄土隧道服役性能劣化的基本模式,主要表现形式为隧道衬砌裂缝、渗漏水、空洞等,这是隧道现场检查中最易监测的物理量,也是隧道服役性能劣化处治的主要目标。然而,富水黄土隧道结构性能劣化影响因素较多,且作用机制不明确,导致劣化处治技术针对性不强,处治效果良莠不齐。

隧道结构力学模型是研究结构性能劣化机制的重要手段,其利用理论分析手段分析隧道结构在围岩及外部荷载作用下的力学特性[7]。早期隧道工程规模较小,且受限于力学学科的发展水平,隧道力学模型尚未形成,隧道的设计、施工主要依赖经验法;随着结构力学、弹性力学等学科的快速发展,隧道工程领域的力学研究逐步成为一大热点[8-9]。现有的隧道结构力学特性研究主要方法分为荷载结构法和地层结构法。在荷载结构模型中,地层对隧道支护结构产生两类荷载,即主动压力与被动抗力,支护结构在此荷载作用下产生相应的内力和变形[10-11];同时,为便于计算,将隧道支护结构简化为结构力学中的梁单元。目前,我国隧道设计规范所采用的隧道结构计算方法是基于荷载结构法的,其计算简便、适用性强,得到了隧道工程技术人员的认可。

本章结合富水黄土隧道结构性能劣化的基本特点,基于经典理论建立修正的荷载结构分析理论模型,并利用数值模拟手段对该理论模型进行充分验证,从而全面揭示富水黄土隧道结构性能劣化机制及其影响规律,为富水黄土隧道服役性能劣化机制及处治奠定理论基础。

3.2 黄土隧道荷载结构计算理论基础

3.2.1 围岩压力计算方法

目前,我国公路隧道设计规范在国内 127 座公路隧道的 417 个施工塌方的统计资料基础上,利用数理统计、理论分析方法给出了深埋、浅埋、偏压及明洞的围岩压力计算模型[12]。在计算过程中,首先明确深埋隧道的竖向围岩压力的荷载等效高度 h 为

$$h = 0.45 \times 2^{s-1} w \tag{3.2.1}$$

$$w = 1 + i(B - 5) \tag{3.2.2}$$

式中,s 为隧道围岩等级;w 为隧道宽度影响系数;B 为隧道宽度;i 为围岩压力增减率。

其次,根据围岩压力的荷载等效高度 h,结合隧道地质条件、施工方法等因素,依据经验法明确深浅埋隧道的分界深度 H_q 为

$$H_q = (2 \sim 2.5)h \tag{3.2.3}$$

最后,比较隧道实际埋深 H 与深浅埋隧道的分界深度 H_q 的大小关系,分为以下 3 种情况计算垂直、水平围岩压力:

(1) 当 $H > H_q$ 时,隧道属深埋隧道,其垂直围岩压力 q 可按荷载等效高度 h 直接计算得出,即

$$q = \gamma h \tag{3.2.4}$$

水平围岩压力 e 为

$$e = \lambda q \tag{3.2.5}$$

式中,λ 为侧压力系数,可参照规范进行取值。

(2) 当 $H < H_q$ 时,隧道属浅埋隧道,荷载可视为均布垂直压力,隧道衬砌承受的围岩压力即为上覆围岩的自重压力,

$$q = \gamma H \tag{3.2.6}$$

水平围岩压力 e 为

$$e = \gamma \left(H + \frac{1}{2H_t}\right) \tan^2\left(45 - \frac{\varphi_c}{2}\right) \tag{3.2.7}$$

式中,H_t 为隧道高度;φ_c 为围岩计算摩擦角。

(3) 当 $h < H \leqslant H_q$ 时,隧道围岩压力可根据假定破裂面法进行计算,即假设隧道上方土体中形成的破裂面为一条与水平成 β 角的斜直线,则垂直围岩压力为

$$q = \gamma H \left(1 - \frac{H}{B_t} \lambda \tan\theta\right) \tag{3.2.8}$$

式中,θ 为竖向滑动面的摩擦角;B_t 是隧道宽度;λ 为围岩侧压力系数。

其中侧压力系数 λ 的计算公式为

$$\lambda = \frac{\tan\beta - \tan\varphi_c}{\tan\beta [1 + \tan\beta(\tan\varphi_c - \tan\theta) + \tan\varphi_c \tan\theta]} \tag{3.2.9}$$

上述方法虽在隧道设计施工中应用较广,但其本质上是一种围岩压力计算的简化形式,可在一定范围内对围岩压力进行近似计算,并未充分考虑黄土隧道的工程特性,具有明显的局限性。为此,本书在上述方法的基础上,根据第 2 章中对富水黄土隧道服役性能的现场调研情况,深入分析黄土隧道围岩的破坏模式,并参考

现有文献中关于黄土隧道围岩压力的现场监测结果,基于极限平衡理论对上述方法进一步完善。

结合郑(州)西(安)客运专线黄土隧道的现场调研结果[13-14]可知,黄土隧道地表裂缝对称分布在隧道轴线两侧,且两侧地表裂缝之间的距离随隧道埋深的增加而不断增加,其地表裂缝分布情况如图 3.2.1 所示。在此基础上,可对黄土隧道破裂角进行实地调查、测算,所得实际破裂角是从地表开始到隧道边墙最大宽度处,其典型示意图如图 3.2.2 所示。

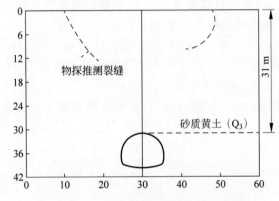

图 3.2.1 黄土隧道地表裂缝典型分布

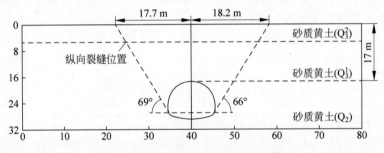

图 3.2.2 黄土隧道典型破裂面示意图

在上述黄土隧道围岩破坏模式研究基础上,利用极限平衡理论建立黄土隧道围岩压力计算模型,可实现黄土隧道围岩压力的精准计算,避免传统计算方法中的不足[15-16]。该计算模型的基本原理在于:在黄土隧道施工过程中,受开挖扰动、地表灌溉、强降雨等因素的影响,黄土隧道围岩拱效应大幅衰减,围岩自身承载力及稳定性急剧下降,且随着围岩荷载的不断增加,围岩承载力不足以支撑,导致上覆岩体产生明显沉降,并带动两侧三棱体范围内土体产生下沉,最终形成围岩破坏区并达到极限平衡状态,其受力模型情况如图 3.2.3 所示。

为进一步简化黄土隧道围岩力学计算模型,首先假设土体 $ABCD$ 在发生沉降时是沿着 AD、BC 做刚性运动,并在下沉过程中带动两侧三棱体 ADE、BCF 也做

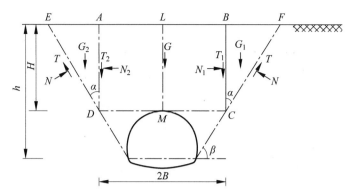

图 3.2.3 黄土隧道围岩力学计算模型

刚性运动；其次，假设隧道上方土体 ABCD、两侧三棱体 ADE、BCF 最终达到极限平衡状态，且土体 ABCD 下沉后仍呈对称状态。因此，取右侧土体 LBCM、BCF 作为研究对象，其受力分析模型如图 3.2.4(a)、(b)所示。选取隧道上覆围岩微单元体，其竖向厚度为 dh，沿破裂面方向长度为 dl，则该单元体受力模型如图 3.2.4(c)所示。

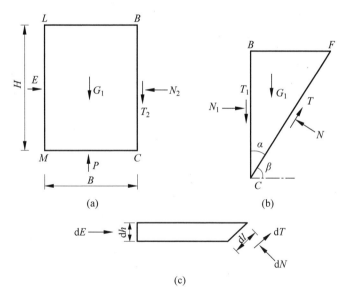

图 3.2.4 模型受力示意图

(a) 土体 LBCE 受力分析；(b) 土体 BCF 受力分析；(c) 微单元体受力分析

在图 3.2.4 中，T_1、T_2、N_1、N_2 分别为作用于土体 LBCE、BCF 上的一对作用力与反作用力；β 为土体破裂面与水平方向的夹角，一般情况下 $\beta=45°+\dfrac{\varphi}{2}$；$\alpha$ 为土体破裂面与垂直方向的夹角，即 $\alpha=90°-\beta$。基于极限平衡理论，分别建立土

体 $LBCE$、BCF 的平衡方程：

$$N = G\sin\alpha - P\sin\alpha + E\cos\alpha \tag{3.2.10}$$

$$T = G\cos\alpha - P\sin\alpha - E\sin\alpha \tag{3.2.11}$$

式中，N、T 分别为土体破裂面上的法向力和切向力；E 为隧道中轴线上水平向土压力；G 为土体 $LBCE$、BCF 自重应力之和，即 $G = G_1 + G_2$；P 为隧道支护结构承受的围岩压力。

假设微单元体埋深为 h，根据图 3.2.4(c) 中几何关系可知，$dl = dh/\cos\alpha$，则作用在微单元体上的水平土压力 dE、破裂面上的切向力 dT 及法向力 dN 分别为

$$\begin{cases} dE = \sigma_x dh \\ dT = \tau_f dl \\ dN = \sigma_f dl \end{cases} \tag{3.2.12}$$

式中，σ_x 为作用在土体 $LMCF$ 上的水平应力；τ_f、σ_f 分别为作用在破裂面上的切向摩擦力及法向正应力。

对土体 $LMCF$ 范围内水平土压力 E、破裂面上的切向力 T 及法向力 N 进行积分，可得

$$\begin{cases} E = \int_0^H \sigma_x dh = \int_0^H K_0 \sigma_z dh = \dfrac{1}{2} K_0 \gamma H^2 \\ N = \dfrac{1}{\cos\alpha} \int_0^H \sigma_f dh \\ T = \dfrac{1}{\cos\alpha} \int_0^H \tau_f dh = \dfrac{1}{\cos\alpha} \int_0^H (\sigma\tan\varphi + c) dh = \tan\varphi N + \dfrac{cH}{\cos\alpha} \end{cases} \tag{3.2.13}$$

式中，K_0 为静止土压力系数；σ_z 为作用在土体 $LMCF$ 上的竖向应力；z 为竖向上从地表到埋深位置的距离；c 为土体黏聚力；γ 为土体容重。

由于土体 $LMCF$ 的自重应力 $G = G_1 + G_2 = \gamma HB + \dfrac{1}{2}\gamma H^2 \tan\alpha$，将 E、T、N、G 代入式(3.2.10)、式(3.2.11)中，可计算出竖向围岩压力 P：

$$P = G - \dfrac{\sin\alpha + \cos\alpha\tan\varphi}{\cos\alpha - \sin\alpha\tan\varphi} E - \dfrac{c\varphi}{\cos\alpha(\cos\alpha - \sin\alpha\tan\varphi)} \tag{3.2.14}$$

由上式可以看出，在隧道应力状态调整过程中，隧道任意埋深 z 处的竖向围岩压力不变，而水平围岩压力则随着围岩性能的衰减而逐渐减小，进而逐渐达到极限平衡状态，其满足兰金(Rankine)主动土压力理论的基本条件。结合兰金主动土压力基本概念可知，竖向围岩压力 P 为小主应力，而水平围岩压力 σ_e 为大主应力，可计算出水平围岩压力 σ_e：

$$\sigma_e = \dfrac{1}{2}(H_z - z_0)(\gamma H_z K_a - 2c\sqrt{K_a}) \tag{3.2.15}$$

式中，K_a 为主动土压力系数；z_0 为临界深度，其计算公式为

$$z_0 = \frac{2c}{\gamma\sqrt{K_a}} \tag{3.2.16}$$

将其代入式(3.2.15)中可得隧道水平围岩压力 σ_e：

$$\sigma_e = \frac{1}{2}\gamma H_z^2 K_a - 2cH_z\sqrt{K_a} + \frac{2c^2}{\gamma} \tag{3.2.17}$$

上述基于极限平衡理论的黄土隧道围岩压力计算模型充分考虑了黄土隧道围岩破坏模式、黄土力学特性、隧道埋深、静止土压力系数等综合因素，全面、客观地反映了各因素对黄土隧道围岩压力的影响，实现了黄土隧道围岩压力的精准计算，为富水黄土隧道结构性能劣化分析提供了理论基础。

3.2.2 衬砌结构计算方法

在荷载结构法隧道衬砌结构计算中，采用经典梁单元来模拟隧道衬砌结构，即认为隧道衬砌结构为偏心受压构件，可承受轴向压力、弯曲荷载，不承受剪切应力。为进一步简化梁单元计算模型，假设隧道衬砌结构变形是与隧道轴线垂直的平面变形，且产生变形后仍与隧道轴线垂直；隧道衬砌结构在剪力影响下仅引起梁单元的弯矩变化，而不会产生剪切变形，即忽略剪切变形的影响。经典梁单元也称为欧拉-伯努利(Euler-Bernoulli)梁，其适用于高度 h 远远小于长度 L 的结构，其刚度矩阵为

$$K_E = \begin{bmatrix} \dfrac{EA}{l} & 0 & 0 & -\dfrac{EA}{l} & 0 & 0 \\ 0 & \dfrac{12EI}{l^3} & \dfrac{6EI}{l^2} & 0 & -\dfrac{12EI}{l^3} & \dfrac{6EI}{l^2} \\ 0 & \dfrac{6EI}{l^2} & \dfrac{4EA}{l} & 0 & \dfrac{6EI}{l^2} & \dfrac{2EA}{l} \\ -\dfrac{EA}{l} & 0 & 0 & \dfrac{EA}{l} & 0 & 0 \\ 0 & -\dfrac{12EI}{l^3} & \dfrac{6EI}{l^2} & 0 & \dfrac{12EI}{l^3} & -\dfrac{6EI}{l^2} \\ 0 & \dfrac{6EI}{l^2} & \dfrac{2EA}{l} & 0 & -\dfrac{6EI}{l^2} & \dfrac{4EA}{l} \end{bmatrix} \tag{3.2.18}$$

式中，l 为梁单元的长度；A 为梁的截面积；I 为梁的惯性矩；E 为梁的弹性模量。

目前，经典梁结构形式简单，计算方便，在隧道衬砌结构计算中得到广泛应用。然而，隧道衬砌结构在实际中除承受轴向压力和弯曲荷载外，还承受明显的剪切压力，且在现场调研过程中发现隧道衬砌结构存在较多的剪切变形，因此需在经典梁结构的基础上充分考虑剪切应力，即采用考虑剪切变形的铁摩辛柯(Timoshenko)梁单元以模拟隧道衬砌结构[17]，其刚度矩阵为

$$K_{\mathrm{T}} = \begin{bmatrix} \dfrac{EA}{L} & 0 & 0 & -\dfrac{EA}{L} & 0 & 0 \\ 0 & \dfrac{12EI}{l^3(1+\phi)} & -\dfrac{6EI}{l^2(1+\phi)} & 0 & -\dfrac{12EI}{l^3(1+\phi)} & \dfrac{6EI}{l^2(1+\phi)} \\ 0 & -\dfrac{6EI}{l^2(1+\phi)} & \dfrac{(4+\phi)EI}{l(1+\phi)} & 0 & -\dfrac{6EI}{l^2(1+\phi)} & \dfrac{(2+\phi)EI}{l(1+\phi)} \\ -\dfrac{EA}{L} & 0 & 0 & \dfrac{EA}{L} & 0 & 0 \\ 0 & -\dfrac{12EI}{l^3(1+\phi)} & -\dfrac{6EI}{l^2(1+\phi)} & 0 & \dfrac{12EI}{l^3(1+\phi)} & -\dfrac{6EI}{l^2(1+\phi)} \\ 0 & \dfrac{6EI}{l^2(1+\phi)} & \dfrac{(2+\phi)EI}{l(1+\phi)} & 0 & -\dfrac{6EI}{l^2(1+\phi)} & \dfrac{(4+\phi)EI}{l(1+\phi)} \end{bmatrix}$$

(3.2.19)

式中，$\phi = \dfrac{12EIk}{GA_s l^2}$，这里 A_s 为剪力面积，即考虑剪切变形后的隧道衬砌结构截面；G 为隧道衬砌混凝土材料的剪切模量。

3.2.3 衬砌安全性验算方法

在上述围岩压力及结构计算的基础上，现行公路隧道设计规范还给出了隧道结构强度验算方法，以保证黄土隧道结构设计安全性，首先根据混凝土的极限强度值计算衬砌结构的极限承载力，并与基于荷载结构法计算所得的结构内力进行比较，得出衬砌结构的抗压/拉强度安全系数 K，即

$$K = \frac{N_{\mathrm{jx}}}{N} \geqslant K_{\mathrm{gf}} \tag{3.2.20}$$

式中，N_{jx} 为隧道衬砌截面的极限承载力；N 为隧道衬砌实际承受的结构内力；K_{gf} 为强度安全系数。

为进一步验算隧道衬砌结构安全性，针对隧道衬砌混凝土矩形截面轴心及偏心受压构件的抗压强度应进行验算，其公式如下：

$$KN \leqslant \varphi a R_{\mathrm{a}} bh \tag{3.2.21}$$

同时，应按照混凝土结构抗裂要求，对隧道衬砌混凝土矩形截面偏心受压构件的抗拉强度进行验算，即

$$KN \leqslant \varphi \frac{1.75 R_{\mathrm{t}} bh}{\dfrac{6e_0}{h} - 1} \tag{3.2.22}$$

式中，R_{a} 为混凝土抗压极限强度；R_{t} 为混凝土抗拉极限强度；K 为安全系数；b 为隧道衬砌混凝土截面宽度；h 为隧道衬砌混凝土截面厚度；φ 为隧道偏心受压构件纵向弯曲系数；a 为轴向力的偏心影响系数。

3.3 考虑隧道结构性能劣化的荷载结构理论模型

3.3.1 衬砌裂缝力学计算模型

衬砌裂缝是富水黄土隧道的第一大病害,是其结构性能劣化最主要的表现形式,其对隧道衬砌结构的整体承载能力及结构耐久性、安全性具有非常显著的影响,是隧道性能劣化研究工作的重中之重。在隧道衬砌裂缝的理论研究方面,学者们提出了一系列的宏-微观本构模型及计算方法,对隧道衬砌产生裂缝后的力学行为及破坏形态进行模拟研究,如 Loland 裂缝模型、Mazars 各向同性裂缝损伤模型、Mazars 正交异性裂缝损伤模型、旋转裂缝模型、三维多向固定裂缝模型等;同时,学者们也基于大型有限元、离散元、流形元法等数值模拟手段,对隧道衬砌混凝土裂缝形成及发展过程进行模拟研究。然而,上述研究手段普遍存在计算参数复杂、计算规模庞大等缺点,其在工程实际应用中的局限性非常明显。

弥散型裂缝模型(smeared crack approach)是当前工程界应用最广、效果最好的模拟混凝土裂缝力学行为的等效本构模型。该模型利用各向同性线弹性模型对承受拉应力前的混凝土准脆性材料应力-应变状态进行准确描述,即获得二维状态下的本构模型:

$$\{\sigma\}_{xy} = [C_0]\{\varepsilon\}_{xy} \tag{3.3.1}$$

式中,$\{\sigma\}_{xy} = \{\sigma_x, \sigma_y, \tau_{xy}\}^T$ 表示在 x-y 坐标体系下的隧道衬砌结构承受的应力列向量;$\{\varepsilon\}_{xy} = \{\varepsilon_x, \varepsilon_y, \gamma_{xy}\}^T$ 表示在 x-y 坐标体系下的隧道衬砌结构在上述应力状态下产生的应变列向量;$[C_0]$ 为隧道衬砌混凝土材料的刚度矩阵,其表达式为

$$[C_0] = \frac{E_0}{1-\mu_0^2} \begin{bmatrix} 1 & \mu_0 & 0 \\ \mu_0 & 1 & 0 \\ 0 & 0 & (1-\mu_0^2)G_0 \end{bmatrix} \tag{3.3.2}$$

式中,E_0、μ_0、G_0 分别表示隧道衬砌混凝土材料在初始应力状态下的弹性模量、泊松比及剪切模量。

当隧道衬砌承受的拉压应力超过其极限承载力时,衬砌结构将产生裂缝,使得混凝土材料由各向同性材料劣化为正交各项异性材料,用 n-t 来表示该正交坐标系,其中 n 表示裂缝的法向,t 表示裂缝的切向,则上述本构模型演化为

$$\{\sigma\}_{nt} = [C']\{\varepsilon\}_{nt} \tag{3.3.3}$$

同样,$\{\sigma\}_{nt}$、$\{\varepsilon\}_{nt}$ 分别表示在 n-t 坐标体系下的隧道衬砌结构应力列向量及应变列向量;$[C']$ 则可表示为

$$[C'] = \frac{1}{1-\nu_0^2} \cdot \begin{bmatrix} \alpha_1 E_0 & \nu_0 E_0 \sqrt{\alpha_1 \alpha_2} & 0 \\ \nu_0 E_0 \sqrt{\alpha_1 \alpha_2} & \alpha_2 E_0 & 0 \\ 0 & 0 & (1-\nu_0^2)\beta G_0 \end{bmatrix} \quad (3.3.4)$$

式中,α_1、α_2 分别表示隧道衬砌混凝土在受拉、受压状态下的非线性变形特性,可采用单轴试验进行确定,为材料性质常数;β 表示隧道衬砌混凝土产生裂缝后的剪力保持因子,即裂缝断面衬砌结构剪切应力传递系数,其值可表示为与衬砌裂缝宽度相关的应变函数,其取值范围为 $0 \leqslant \beta \leqslant 1$。

根据第 2 章中的隧道裂缝病害现场调研情况及现有裂缝病害量化方法可知,隧道衬砌裂缝的具体表征参数包含裂缝长度、宽度、深度、几何形态、间距等,然而受限于现有理论分析模型的二维属性,无法全面考虑隧道衬砌裂缝的所有表征参数。因此,本书选取隧道衬砌裂缝宽度、深度作为其基本表征参数(结构示意图见图 3.3.1),结合荷载-结构计算理论,基于铁摩辛柯梁理论(Timoshenko beam)和弥散裂缝模型构建隧道衬砌裂缝计算模型,旨在模拟分析隧道衬砌裂缝对其整体承载能力的影响,为研究隧道病害成因、监测隧道健康状况、优化施工及养护方案提供理论基础。

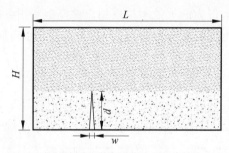

图 3.3.1 隧道衬砌裂缝结构示意图

隧道衬砌结构产生裂缝后,其承受轴向荷载、剪切荷载及弯曲荷载的能力发生明显变化,结合上述铁摩辛柯梁刚度矩阵方程可知,裂缝的产生主要对梁单元的正压力承载面积 A、剪力承载面积 A_s、惯性矩 I 等 3 个重要参数产生显著影响。为此,本书建立的裂缝计算模型是基于上述 3 个参数的,同时为进一步简化模型,假设裂缝产生后仅对隧道衬砌承载能力产生影响,暂不考虑裂缝的断裂力学效应,且作用于隧道衬砌结构上的荷载保持不变。

当隧道衬砌结构承受拉应力时,即衬砌结构轴向应力 $\sigma_{ax} \geqslant 0$,则在裂缝影响下的隧道衬砌结构 3 个重要力学特性参数为

$$\begin{cases} A' = 0 \\ A_s' = A_s - d \cdot L \\ I' = I - \frac{1}{12} \cdot L \cdot d^3 \end{cases} \quad (3.3.5)$$

式中，A'、A'_s、I' 分别表示裂缝产生后的隧道衬砌结构截面的正压力承载面积、剪力承载面积和惯性矩；L 表示隧道衬砌结构截面长度；d 表示裂缝深度。

当隧道衬砌结构承受压应力时，即衬砌结构轴向应力 $\sigma_{ax}<0$，由于在压应力作用下，隧道衬砌结构裂缝会逐渐弥合，则正压力承载面积、惯性矩与未产生裂缝时保持一致，剪力承载面积产生明显损失。因此，在裂缝影响下的隧道衬砌结构 3 个重要力学特性参数为

$$\begin{cases} A' = A \\ A'_s = A_s - \beta \cdot d \cdot L \\ I' = I \end{cases} \tag{3.3.6}$$

式中，β 为剪切应力传递系数，其值可表示为与衬砌裂缝宽度相关的应变函数。由于在实际工程的现场调研中，可观察到的最小裂缝宽度为 0.2 mm，而超过 5 mm 的裂缝则认为其无法弥合，剪应力传递完全失效；在此情况下，β 值与裂缝宽度 w 呈负相关，根据无量钢化处理原则，可得 β 值为

$$\beta = \frac{w_i - w_{\min}}{w_{\max} - w_{\min}} = \frac{w_i - 0.2}{4.8} \tag{3.3.7}$$

将式(3.3.7)代入式(3.3.6)中，可得

$$\begin{cases} A' = A \\ A'_s = A_s - \dfrac{w_i - 0.2}{4.8} \cdot d \cdot L \\ I' = I \end{cases} \tag{3.3.8}$$

将式(3.3.5)、式(3.3.8)分别代入式(3.2.19)中，即可得到带裂缝隧道衬砌结构在受拉力及压力状态下的刚度矩阵，进而可得出带裂缝隧道衬砌结构的承载能力，此处不再赘述。

由于富水黄土隧道结构服役期内通常情况下为偏心受压构件，在不均匀荷载作用下，隧道衬砌结构极易产生局部剪应力过大的现象，且在第 2 章现场调研过程中发现富水黄土隧道衬砌结构存在较多的剪切破坏，可以说，富水黄土隧道结构服役性能主要取决于其剪切应力的大小；同时，裂缝宽度 w、深度 d 反映了衬砌混凝土骨料间的联结状态，该状态直接决定了裂缝截面的剪应力传递程度。因此，本书建立的富水黄土隧道衬砌裂缝力学模型重点考虑裂缝宽度 w、深度 d 对结构剪切应力的影响作用。

从式(3.3.5)、式(3.3.8)中可以看出，当隧道结构承受拉应力时，剪力承载面积 A'_s 与裂缝深度 d 呈负线性相关关系，即随着裂缝深度 d 的增加，剪力承载面积 A'_s 减小，在荷载不变的情况下，结构截面所承受的剪力值增加；当隧道结构承受压应力时，剪力承载面积 A'_s 与裂缝宽度 w、深度 d 呈负线性相关关系，即在荷载不变情况下，剪力承载面积 A'_s 随裂缝宽度 w、深度 d 的增加而减小，结构截面剪力值随之增加，进而影响富水黄土隧道结构服役性能。

3.3.2　渗漏水力学计算模型

由于黄土具有多孔隙、垂直节理发育的特征及典型二元地层结构形式,使其成为较好的含水层,可存储较为丰富的地下水,且浅层黄土的地下水与地表水之间的水力联系极为密切,地表水通过垂直入渗对地下水进行快速补充,极易形成富水黄土地层。当隧道穿越富水黄土地层时,原有渗流路径、渗流方向、渗透水压力等渗流场特征发生改变,地下水将沿着黄土层面、垂直节理、黄土与其他岩体(如第三系泥岩、灰岩等)界面向隧道衬砌背后汇集,诱发隧道衬砌产生渗漏水病害。

隧道渗漏水作为隧道最普遍的病害之一,对隧道结构危害较大,其主要表现在3个方面:第一,对于寒区隧道,渗漏水引起衬砌混凝土冻胀裂损病害,且极易形成边墙结冰、挂冰现象,侵入隧道建筑限界内,严重威胁行车安全;第二,渗漏水对隧道衬砌混凝土结构产生侵蚀、风化、剥蚀作用,引起混凝土材料劣化,降低衬砌结构承载力;第三,地下水下渗后汇集至隧道周边岩土体内,改变原有应力场,对隧道支护结构产生附加荷载,尤其对浅埋、偏压、沟谷地形条件下的黄土隧道,其加剧了不均匀荷载情况,对隧道整体稳定性及安全性极为不利。目前,学者们针对隧道渗漏水引起的冻胀裂损已开展了大量而深入的研究工作,例如,现有研究成果已充分考虑了冻胀的不均匀性,推导了冻胀荷载的解析解,给出了冻胀荷载的分布参数及量值参数,且建立了隧道冻胀荷载的简化计算方法;可以说,现有技术在隧道渗漏水引起的冻胀裂损效应研究方面已相对成熟。

鉴于此,本书将主要研究隧道渗漏水引起的材料劣化及附加荷载方面。首先,在隧道渗漏水引起的衬砌混凝土材料劣化方面,其导致隧道衬砌混凝土强度降低,进而使得隧道支护结构整体承载能力不足;且材料劣化导致隧道衬砌局部刚度衰减,在外部荷载作用下,隧道支护结构整体受力状态发生变化,产生不利荷载。学者们通常采用损伤力学理论对隧道衬砌混凝土材料劣化进行模拟分析,然而在复杂的地质条件作用下,隧道衬砌损伤规律极为复杂,无法建立统一、简单、高效的材料损伤演化规律模型。因此,本书为简便起见,基于材料强度弱化理念,通过对隧道衬砌现场取样、室内试验等手段,得出隧道衬砌劣化后的力学指标,即

$$E_i = k_1 \cdot E_0 \tag{3.3.9}$$

$$\sigma_{ci} = k_2 \cdot \sigma_{c0} \tag{3.3.10}$$

$$\sigma_{ti} = k_3 \cdot \sigma_{t0} \tag{3.3.11}$$

式中,E_0、σ_{c0}、σ_{t0} 分别为隧道衬砌初始状态下的弹性模量、抗压强度、单轴抗拉强度;k_1、k_2、k_3 分别为受渗漏水侵蚀影响下的各参数相应的折减系数;E_i、σ_{ci}、σ_{ti} 分别为隧道衬砌受渗漏水侵蚀后的弹性模量、抗压强度、单轴抗拉强度。将 E_i、σ_{ci}、σ_{ti} 代入 3.2.2 节、3.2.3 节中,即可建立考虑渗漏水侵蚀作用的隧道衬砌结构计算模型,并验算隧道衬砌劣化后的整体安全性,本书不作为重点展开阐述。隧道

渗漏水除对衬砌结构产生冻胀及侵蚀劣化作用外,其对隧道结构最大的威胁在于其产生的附加荷载及其引发的局部集中应力。当前,隧道渗漏水病害理论研究在该方面尚属空白,本章将其作为重点研究内容。

对于富水黄土隧道而言,隧道衬砌渗漏水仅为整个病害的表面现象,其衬砌背后围岩含水量较大,甚至处于饱和状态,由此而产生的附加荷载对隧道支护结构将产生巨大威胁。尤其对于浅埋偏压黄土隧道段,在附加荷载作用下,土体极易沿黄土层面、垂直节理、黄土与其他岩体间的界面产生滑移,对隧道支护结构整体受力及变形特性产生巨大影响。由于隧道渗漏水引起的附加荷载状态复杂,在满足隧道工程实际计算需求的基础上,这里对力学模型进行简化处理。首先,假设附加荷载的竖向分量仅对隧道拱部产生作用,对边墙部位的作用可忽略不计;而附加荷载的水平分量仅对边墙部位产生作用,对拱部的作用可忽略不计。在此条件下,建立考虑渗漏水附加荷载作用的浅埋偏压黄土隧道力学模型,具体情况如图 3.3.2 所示。

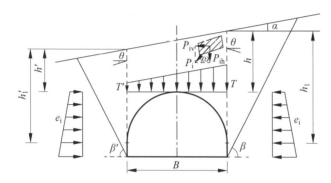

图 3.3.2 考虑渗漏水附加荷载的浅埋偏压黄土隧道力学模型

图 3.3.2 中,h、h' 为隧道内侧、外侧拱顶至地表的高度;β、β' 为隧道内侧、外侧的破裂角;α 为地表坡面与水平面的夹角;P_i 为隧道渗漏水引发的附加荷载;ω 为附加荷载 P_i 与水平向的夹角;B 为隧道开挖跨度。

(1) 隧道渗漏水影响下衬砌拱部附加应力。

对于隧道衬砌拱部结构,其承受的荷载主要包括围岩压力及附加荷载在竖向上的分量。为简化起见,假设由隧道渗漏水产生的附加荷载的竖向分量为一集中力,基于布西内斯克(Boussinesq)解可知,在弹性半空间表面上作用一个竖向的附加荷载 P_{ih},则半空间内任意一点处由该附加荷载 P_{ih} 引起的竖向应力为

$$\sigma_h = \frac{3 P_{ih} h_i^3}{2\pi r_i^5} \tag{3.3.12}$$

式中,h_i 为附加荷载 P_{ih} 作用点至隧道衬砌拱部任意一点的垂直距离;r_i 为附加荷载 P_{ih} 作用点至隧道衬砌拱部任意一点的水平距离,则根据空间几何关系,可得

$$r_i^2 = l_i^2 + h_i^2 \tag{3.3.13}$$

将式(3.3.13)代入式(3.3.12)中,可得

$$\sigma_h = \frac{3P_{ih}h_i^3}{2\pi r_i^5} = \frac{3}{2\pi} \frac{1}{\left[1+\left(\frac{l_i}{h_i}\right)^2\right]^{\frac{5}{2}}} \frac{P_{ih}}{h_i^2} = K_i \cdot \frac{P_{ih}}{h_i^2} \tag{3.3.14}$$

令 $K_i = \frac{3}{2\pi} \frac{1}{\left[1+\left(\frac{l_i}{h_i}\right)^2\right]^{\frac{5}{2}}}$,则 K_i 为附加荷载作用下的竖向应力分布系数,其与所需计算的隧道衬砌结构位置有关;同时,由于附加荷载竖向分量 $P_{ih} = P_i \cdot \sin\omega$,则渗漏水附加荷载作用于隧道衬砌拱顶部位的附加应力为

$$q_h = K_i \frac{P_i \sin\omega}{h_i^2} \tag{3.3.15}$$

根据《公路隧道设计规范 第一册 土建工程》(JTG 3370.1—2018),可知浅埋偏压隧道竖向围岩压力值为

$$Q_h = \frac{\gamma}{2}[(h+h')B - (\lambda h^2 + \lambda' h'^2)\tan\theta] \tag{3.3.16}$$

式中,γ 为黄土隧道上覆土体重度;λ、λ' 分别为隧道内侧、外侧的侧压力系数;θ 为黄土隧道上覆土体两侧摩擦角。

根据式(3.3.15)、式(3.3.16)可知,浅埋偏压黄土隧道在渗漏水影响下的衬砌拱部应力 $Q_{拱}$ 值为

$$Q_{拱} = Q_h + q_h = \frac{\gamma}{2}[(h+h')B - (\lambda h^2 + \lambda' h'^2)\tan\theta] + K_i \frac{P_i \sin\omega}{h_i^2} \tag{3.3.17}$$

(2) 隧道渗漏水影响下衬砌边墙部位附加应力。

隧道边墙部位承受的荷载主要有上覆围岩水平侧压力及渗漏水引起的附加荷载水平分量。假设该附加荷载水平分量 P_{iv} 为水平均布荷载,且 P_{iv} 为作用范围为一长度为 l、宽度为 b、厚度为 h_0 的长方体内,则根据罗西(Rohit)提解可得出其前方任意一点 Y 处的水平应力 q_v,其原理示意图如图 3.3.3 所示。

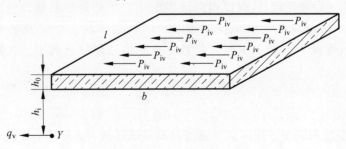

图 3.3.3 罗西提解原理示意图

根据上述原理,可得作用于隧道边墙部位附加应力 q_v:

$$q_v = \frac{1}{2\pi}\left[\frac{m}{\sqrt{m^2+n^2}} - \frac{mn^2}{(1+n^2)\sqrt{1+m^2+n^2}}\right]P_{iv} \quad (3.3.18)$$

式中,$m=\frac{l}{b}$,$n=\frac{h_i}{b}$;令 $k_i'=\frac{1}{2\pi}\left[\frac{m}{\sqrt{m^2+n^2}} - \frac{mn^2}{(1+n^2)\sqrt{1+m^2+n^2}}\right]$,则 k_i' 为附加荷载作用下的水平应力分布系数;同时,将 $P_{iv}=\frac{p_i\cos\omega}{bl}$、$P_i=blh_0\rho\cos\omega$ 代入式(3.3.18)中可得

$$q_v = K_i' h_0 \rho \cos\omega \quad (3.3.19)$$

根据《公路隧道设计规范 第一册 土建工程》(JTG 3370.1—2018),可知浅埋偏压隧道水平侧压力值为

$$Q_内 = \gamma h \lambda \quad (3.3.20)$$

根据式(3.3.19)、式(3.3.20)可知,浅埋偏压黄土隧道在渗漏水影响下的衬砌边墙应力 $Q_墙$ 值为

$$Q_墙 = Q_v + q_v = \gamma h \lambda + K_i' h_0 \rho \cos\omega \quad (3.3.21)$$

由式(3.3.18)、式(3.3.21)可以看出,当 h_i 值越小时,拱部结构附加应力越大,即当富水体距离衬砌结构越近时,其对拱部结构荷载影响越大;当 h_0 越大时,边墙结构附加应力越大,即当富水地层厚度越大时,其对边墙荷载影响越大。由此可见,当富水黄土隧道衬砌产生渗漏水病害后,应立即采取注浆堵水、埋管引排等措施进行处理,减小富水地层的厚度,并增大其与衬砌之间的距离,进而避免隧道衬砌背后局部富水体引起较大的附加应力,弱化富水黄土隧道结构性能劣化作用。

3.3.3 衬砌背后空洞力学计算模型

黄土颗粒成分主要为粉土,其粒径为 0.05～0.005 mm,且黄土大孔隙发育、结构疏松,易溶矿物质含量较大;因此,富水黄土隧道衬砌背后积水的不断排走将会带走细小颗粒及易溶物质,土体不断被"掏空",极易在衬砌背后形成空洞,导致衬砌背后接触状态不良,使得围岩与支护结构间无法产生充足的地层反力,极易产生应力集中现象,对隧道支护结构与围岩的相互作用、支护结构受力特性产生显著影响。同时,当隧道衬砌背后空洞规模较大时,在车辆荷载、地下水等因素的作用下,空洞周边围岩极易产生松动,进一步加剧了隧道衬砌背后空洞的发展,造成围岩整体稳定性降低,影响隧道衬砌耐久性及安全性。

根据第 2 章中隧道衬砌背后空洞病害状况的现场调研结果可知,富水黄土隧道衬砌背后存在层间脱空、空洞、回填不密实等状况,其量化指标有形状、分布位置、深度、宽度、长度等参数。然而,考虑到基于荷载-结构法的隧道结构计算的二维特性,本书将层间脱空、回填不密实统一等效为空洞,即认为其围岩与支护结构

间无直接接触,不传递围岩压力;同时,为简化计算,本书假设空洞为圆形,且拱顶部位空洞仅对隧道结构竖向荷载产生影响,而边墙部位空洞仅对隧道结构水平荷载产生影响。总之,本书建立的隧道衬砌背后空洞力学计算模型综合考虑了空洞半径、空洞分布位置两个参数对隧道荷载结构体系的影响。

(1) 隧道衬砌拱顶背后存在空洞的力学计算模型。

目前,学者们采用数值模拟、模型试验等手段针对隧道衬砌背后空洞对支护结构的影响开展了大量的研究工作,如 Leung 等[18]、应国刚等[19]、薛晓辉等[20]的研究成果均表明,隧道衬砌背后空洞在影响范围内对围岩压力荷载产生了明显的影响,导致空洞周边衬砌结构承受的荷载产生应力集中、应力重分布现象。因此,本书在采用荷载-结构法研究隧道衬砌背后空洞对隧道结构力学特性影响时,应充分考虑空洞对周边结构荷载的影响效应,避免传统方法中简单去除空洞范围内荷载而引起的误差。在此基础上,本书建立隧道衬砌拱顶背后空洞工况下的荷载-结构模型如图 3.3.4 所示,空洞对周边荷载的影响情况如图 3.3.5 所示。

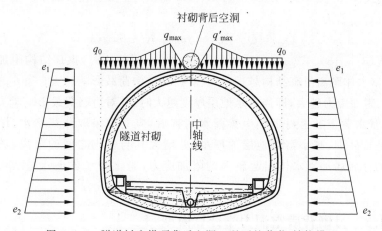

图 3.3.4 隧道衬砌拱顶背后空洞工况下的荷载-结构模型

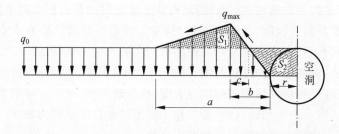

图 3.3.5 隧道衬砌拱顶背后空洞对周边荷载影响示意图

q_0 为隧道衬砌拱顶部位初始围岩压力;q_{max} 为受空洞影响下隧道衬砌拱顶部位围岩压力最大值;r 为隧道衬砌拱顶背后空洞半径;a 为空洞对衬砌拱顶部位围岩压力影响范围;b 为围岩压力骤增段长度;c 为围岩压力骤增段围岩压力大于初始围岩压力的长度

在空洞影响下,隧道衬砌所承受的围岩压力荷载产生了重分布,假设空洞处的围岩压力荷载对称地重分布于两侧,即图 3.3.5 中阴影区域 S_2 转移至阴影区域 S_1,因此根据其几何关系可得

$$S_1 = S_2 \tag{3.3.22}$$

$$S_1 = \frac{1}{2}(q_{\max} - q_0)(a - b + c) \tag{3.3.23}$$

$$S_2 = \frac{1}{2}q_0(r + r + b - c) \tag{3.3.24}$$

根据围岩压力骤增段围岩压力大于初始围岩压力的面积与整个围岩压力骤增段面积的几何相似比,可得

$$\frac{q_{\max} - q_0}{q_{\max}} = \frac{c}{b} \tag{3.3.25}$$

利用式(3.3.22)~式(3.3.25)联立方程,可得

$$q_{\max} = \left(2\frac{r}{a} + 1 + \frac{b}{a}\right)q_0 \tag{3.3.26}$$

由式(3.3.26)可以看出,在相同位置条件下,富水黄土隧道衬砌拱顶部位空洞对周边荷载的影响程度主要取决于空洞半径,其最大荷载值与空洞半径呈正相关关系,即空洞体积越大,其引起的拱部应力集中效应越明显,其产生的隧道结构服役性能劣化程度也就越高。因此,在富水黄土隧道服役性能劣化处治中,应采取注浆措施对隧道衬砌背后空洞进行回填,减小空洞半径,弱化其引起的应力集中效应,维持隧道结构服役性能。

(2)隧道衬砌边墙背后存在空洞的力学计算模型。

黄土隧道在开挖后,受围岩卸荷作用的影响,地下水逐渐汇聚至隧道边墙背后土体中,同时地表水下渗后极易汇集至边墙背后,形成富水体。随着隧道渗漏水的不断排泄,土体颗粒被掏空,极易在衬砌边墙背后形成空洞。根据第 2 章的现场调研结果可知,隧道边墙背后空洞具有尺寸大、比例高等特点,其对隧道整体荷载分布具有非常显著的影响。

由于隧道衬砌边墙部位主要承受水平荷载,而该水平荷载值与埋深呈线性关系,相对于拱顶部位的均布荷载,其在空洞影响下的应力重分布状态更为复杂。本书建立隧道衬砌边墙背后空洞工况下的荷载-结构模型如图 3.10 所示,空洞对周边荷载的影响情况如图 3.3.6 所示。图中 $e_1 \sim e_8$ 表示各点对应的水平侧压力值,其余各参数的物理意义同上,由于边墙部位空洞对周边结构荷载分布的影响并非对称结构,所以在图 3.3.7 中将空洞上下两侧的应力重分布情况均体现出来,根据其几何关系可得

$$S_1 = S_2 \tag{3.3.27}$$

$$S_3 = S_4 \tag{3.3.28}$$

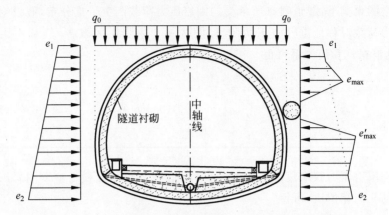

图 3.3.6　隧道衬砌边墙背后空洞工况下的荷载-结构模型

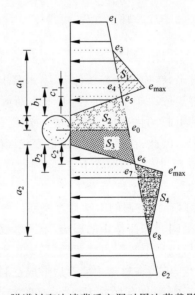

图 3.3.7　隧道衬砌边墙背后空洞对周边荷载影响示意图

$$S_1 = \frac{1}{2}(e_{\max} - e_4)(a_1 - b_1 + c_1) \quad (3.3.29)$$

$$S_2 = \frac{1}{2}(r + b_1 - c_1 + r)e_5 + \frac{1}{2}(e_0 - e_5)(b_1 - c_1 + r) \quad (3.3.30)$$

$$S_3 = \frac{1}{2}(r + c_2 + r)e_6 - \frac{1}{2}(e_6 - e_0)(c_2 + r) \quad (3.3.31)$$

$$S_4 = \frac{1}{2}(e'_{\max} - e_7)(b_2 - c_2 + a_2 - b_2) \quad (3.3.32)$$

假设隧道支护结构所受水平侧压力值仅与上覆围岩厚度有关,忽略其他因素的影响;若空洞中心对应的上覆围岩厚度为 h_0,则有

$$e_0 = r'h_0\lambda \quad (3.3.33)$$

式中，r'为隧道围岩重度；λ为隧道围岩侧压力系数。

根据相似关系，可得

$$\frac{e_4}{e_0} = \frac{h_0 - r - b_1}{h_0} \quad (3.3.34)$$

$$\frac{e_5}{e_0} = \frac{h_0 - r - b_1 + c_1}{h_0} \quad (3.3.35)$$

将式(3.3.34)、式(3.3.35)代入式(3.3.29)、式(3.3.30)中，并建立等式，可得

$$\begin{aligned} e_{\max} &= \frac{a_1 h_0 - a_1 r - a_1 b_1 + b_1^2 - c_1 b_1 + rh_0^2 - r^2 + rh_0}{h_0(a_1 - b_1 + c_1)} \cdot e_0 \\ &= \frac{a_1 h_0 - a_1 r - a_1 b_1 + b_1^2 - c_1 b_1 + rh_0^2 - r^2 + rh_0}{a_1 - b_1 + c_1} \cdot r'\lambda \end{aligned} \quad (3.3.36)$$

令 $k_1 = \dfrac{r}{a_1 - b_1 + c_1}$，$k_2 = \dfrac{a_1 + r}{a_1 - b_1 + c_1}$，$k_3 = \dfrac{a_1 r + a_1 b_1 - b_1^2 + c_1 b_1 - r^2}{a_1 - b_1 + c_1}$，则有

$$e_{\max} = (k_1 h_0^2 + k_2 h_0 + k_3) \cdot r'\lambda \quad (3.3.37)$$

同理，可由式(3.3.31)、式(3.3.32)及其相似关系得出

$$e'_{\max} = \left(1 + \frac{b_2}{h_0} + \frac{2rh_0 + 2r^2 + c_2 h_0 + ra_2}{h_0(a_2 - c_2)}\right) \cdot e_0 \quad (3.3.38)$$

令 $k_3 = \dfrac{a_2 + 2r}{a_2 - c_2}$，$k_4 = \dfrac{a_2 b_2 - b_2 c_2 + 2r^2 + a_2 r}{a_2 - c_2}$，则有

$$e'_{\max} = (k_3 h_0 + k_4) \cdot r'\lambda \quad (3.3.39)$$

由式(3.3.36)、式(3.3.39)可以看出，隧道衬砌边墙背后空洞对上、下两侧荷载分布的影响程度是一个与 h_0 相关的函数，h_0 的物理意义为空洞分布位置，即若隧道衬砌边墙背后空洞分布位置越靠下，埋深越大，其对衬砌结构水平方向的应力分布影响就越明显。尤其在隧道拱脚部位，h_0 达到最大值，空洞对衬砌结构所产生的应力集中现象达到最大程度，严重影响隧道结构服役性能。

3.4 隧道结构性能劣化的数值分析

3.4.1 模拟方案设计

为全面验证上述考虑隧道结构性能劣化的荷载结构理论模型，本章选取典型富水黄土隧道作为计算对象，研究不同裂缝、渗漏水、空洞工况下隧道衬砌结构的力学性能的影响规律。选用山西岢临高速龙王庙1号隧道洞口浅埋偏压段及洞身深埋段作为计算模型，该隧道初期支护结构采用C28喷射混凝土，厚度为28 cm，

锚杆为 Φ25 药卷式锚杆,钢拱架采用 I20b 型工字钢,间距为 60 cm;衬砌结构采用 C25 钢筋混凝土,厚度为 50 cm,其断面几何参数情况如图 3.4.1 所示。

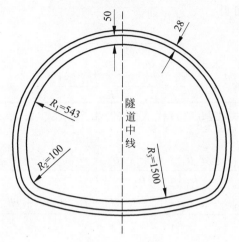

图 3.4.1　龙王庙 1 号隧道结构断面图(单位:cm)

根据第 2 章中关于龙王庙 1 号隧道服役性能劣化情况的调研结果,可以看出隧道衬砌多处分布有裂缝,其宽度为 0.2~5.0 mm,深度为 10~50 cm;针对隧道渗漏水病害的现场观察及利用地质雷达探测富水地层情况,可以看出该隧道衬砌拱顶部位存在局部富水地层,其厚度为 2~12 m,其与衬砌结构之间的距离为 2~12 m;根据隧道现场地质雷达探测结果,该隧道衬砌背后拱顶及边墙部位存在多处空洞,其轴向尺寸主要分布在 0~1.2 m,为简化起见,在模拟过程中将其等效为圆形,其半径为 0~0.6 m。结合上述富水黄土隧道结构性能劣化的荷载结构模型中的主要参数,经综合考虑,针对隧道衬砌裂缝、渗漏水、空洞共设计了 55 种工况。值得说明的是,根据上述富水黄土隧道衬砌裂缝力学计算模型分析可知,衬砌裂缝宽度 w、深度 d 直接反映了衬砌结构混凝土间的联结状态,其决定了衬砌结构剪应力的分布状态及规律,对隧道衬砌结构劣化状态具有非常重要的意义;因此,隧道衬砌裂缝数值模拟中重点分析衬砌剪力值的变化规律。而隧道渗漏水及空洞对衬砌结构最大的影响在于其产生结构附加应力,增大或减小局部应力值,影响隧道衬砌结构整体应力分布状态;因此,隧道渗漏水及空洞数值模拟中重点分析衬砌应力值的变化规律。本次数值模拟分析的各工况具体情况见表 3.4.1~表 3.4.3。

表 3.4.1　衬砌裂缝计算工况

类　　别	宽度 w/mm	深度 d/cm	裂缝位置	提取结果
裂缝(第一组)	2.0	10,20,30,40,50	拱顶、边墙、拱脚	裂缝处的剪应力值
裂缝(第二组)	0.2,1.0,2.0, 3.0,4.0,5.0	20	拱顶、边墙、拱脚	裂缝处的剪应力值

第3章 富水黄土隧道结构性能劣化规律分析

表3.4.2 衬砌渗漏水计算工况

类别	富水地层与衬砌间的距离 h_i/m	富水地层厚度 h_0/m	富水地层位置	提取结果
渗漏水(第一组)	2,4,6,8,10,12	8	拱顶	拱顶、拱肩、边墙、拱脚等特征点处的应力值
渗漏水(第二组)	4	2,4,6,8,10,12	拱顶	拱顶、拱肩、边墙、拱脚等特征点处的应力值

表3.4.3 衬砌背后空洞计算工况

类别	空洞半径 r_0/m	空洞上覆围岩厚度 h_0/m	空洞位置	提取结果
空洞(第一组)	0.2,0.3,0.4,0.5,0.6	—	拱顶	拱顶、拱肩、边墙、拱脚等特征点处的应力值
空洞(第二组)	0.5	52,53,54,55,56	边墙	拱顶、拱肩、边墙、拱脚等特征点处的应力值

3.4.2 数值计算模型及参数

本节主要考虑富水黄土隧道衬砌裂缝、渗漏水、空洞在横断面上对隧道结构服役性能的影响,暂不考虑其对隧道轴向的影响,因此可将其视为平面应变问题,建立二维数值模拟即可得出理想结果。综合考虑隧道衬砌裂缝、渗漏水、空洞数值模型的基本特点,结合各计算软件的优缺点,这里采用Phase2二维有限元软件建立隧道衬砌裂缝及空洞的数值计算模型,采用FLAC3D软件建立隧道渗漏水数值计算模型;各模型计算均采用Mohr-coulomb准则。为避免模型边界效应对计算结果的影响,本模型左右两侧及下部各取3倍隧道洞径,模型宽度为90 m,高度为70~87 m;隧道开挖跨径为12.42 m,开挖高度为10.19 m。在模型边界条件方面,模型左右两侧施加水平约束,底部施加竖向约束,上部模拟实际地表情况,不施加约束条件。各模型的具体情况如图3.4.2~图3.4.4所示,其具体材料物理力学参数见表3.4.4。

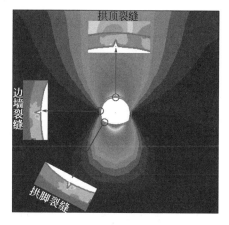

图3.4.2 隧道衬砌裂缝数值计算模型
(请扫Ⅱ页二维码看彩图)

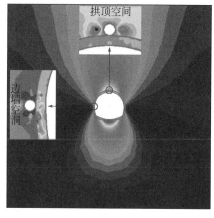

图3.4.3 隧道衬砌背后空洞数值计算模型
(请扫Ⅱ页二维码看彩图)

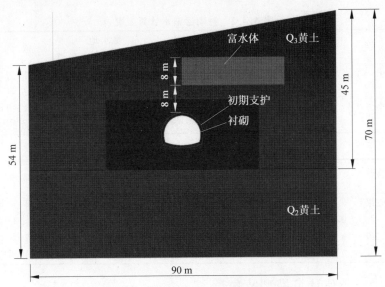

图 3.4.4　隧道渗漏水数值计算模型

（请扫Ⅱ页二维码看彩图）

表 3.4.4　数值模型材料物理力学参数

材料类别	厚度/m	弹性模量/MPa	泊松比 μ	重度/(kN/m³)	内摩擦角/(°)	黏聚力/kPa
Q_3 黄土	30~45	48	0.33	16.2	22.0	25
Q_2 黄土	25	60	0.26	20.0	24.5	35
富水地层	8	24	0.35	20.0	20.0	12
初期支护	0.28	24×10³	0.20	25.0	—	—
衬砌	0.50	28×10³	0.20	25.0	—	—

3.4.3　计算结果及分析

（1）衬砌裂缝对隧道结构性能的影响规律分析。

当隧道衬砌拱顶、边墙、拱脚部位存在裂缝时，假定裂缝宽度为一定值（$w=2.0$ mm），改变裂缝深度（$d=10$ cm，20 cm，30 cm，40 cm，50 cm），即为裂缝第一组计算工况；其次，假定裂缝深度为一定值（$d=20$ cm），改变裂缝宽度（$w=0.2$ mm，1.0 mm，2.0 mm，3.0 mm，4.0 mm，5.0 mm），即为裂缝第二组工况。利用上述模型计算各工况后，提取其隧道衬砌结构裂缝发生截面处的剪力值，所得结果如图 3.4.5 所示。

从图 3.4.5(a)中可以看出，隧道拱顶处剪力值受裂缝深度的影响最大，其由 15.2 kN 增加至 36.0 kN，其增幅达 136.8%；而边墙及拱脚处剪力值增幅相对较小，分别为 57.5%、61.6%。结合隧道衬砌结构应力分布情况可知，在上述工况下隧道衬砌拱顶部位承受拉应力，而边墙和拱脚部位呈受压状态。因此，裂缝深度对受拉状态下衬砌结构的剪力值影响最为明显，而对受压状态下的剪力值影响相对

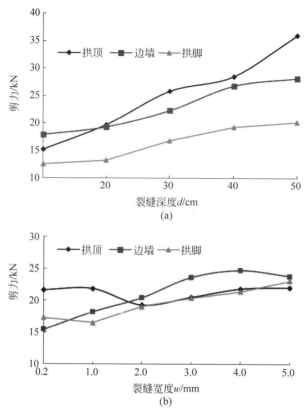

图 3.4.5 衬砌裂缝对隧道结构性能的影响规律
(a) 剪力随裂缝深度变化情况；(b) 剪力随裂缝宽度变化情况

较小。从图 3.4.5(b)中可以看出，隧道拱顶处剪应力值在裂缝宽度变化情况下其虽有小幅波动，但最终剪力值基本稳定，未产生明显变化，而边墙及拱脚处剪力值产生明显增加趋势，其增幅分别为 54.5%、33.5%；可见，裂缝宽度对受拉状态下衬砌结构的剪力值基本无影响，而对受压状态下衬砌结构剪力值有明显影响，但其影响程度相对于裂缝深度而言较小。总之，裂缝深度、宽度对富水黄土隧道衬砌结构的剪力值有明显影响，其影响规律与上述理论模型分析结果基本吻合。

(2) 衬砌渗漏水对隧道结构性能的影响规律分析。

当富水黄土隧道衬砌拱顶部位存在富水地层时，其对隧道结构服役性能的影响因素主要为富水地层与衬砌结构的距离 h_i 及富水地层厚度 h_0，通过 h_i 与 h_0 的不同组合得到隧道渗漏水分析的不同工况，利用上述模型，经计算后提取衬砌断面特征点(拱顶、拱肩、边墙、拱脚)的应力值，并规定压力为负值、拉力为正值，所得结果如图 3.4.6 所示。

从图 3.4.6(a)中可以看出，随着富水地层与衬砌结构之间距离的不断增加，拱顶及拱肩部位压应力值迅速减小，其最大减小幅度达 55.9%，产生在拱顶部位；而

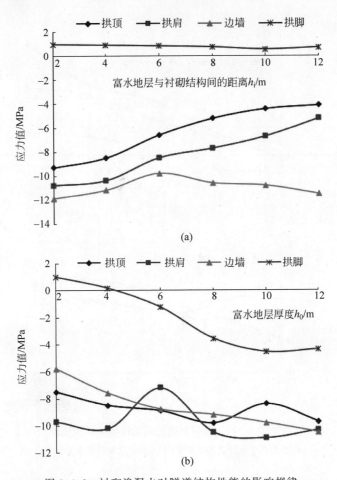

图 3.4.6 衬砌渗漏水对隧道结构性能的影响规律
(a) 衬砌结构应力随富水地层位置变化情况;(b) 衬砌结构应力随富水地层厚度变化情况

衬砌边墙部位压应力虽有一定波动,但整体变化值较小;同样,拱脚部位拉应力值整体平稳,变化幅度较小。从图 3.4.6(b)中可以看出,随着富水地层厚度的不断增加,隧道衬砌边墙部位压应力值由 5.8 MPa 迅速增加至 10.5 MPa,其增幅达 81.0%;拱顶、拱肩部位压应力值增幅较小,分别为 29.3%、6.1%;而拱脚部位应力值随着富水地层厚度的增加而产生显著变化,其由拉应力逐渐转变为压应力,并迅速增大。总之,当富水黄土隧道拱顶部位存在局部富水地层时,其与衬砌结构之间的距离 h_i 主要影响拱顶、拱肩部位的应力分布;而富水地层厚度 h_0 主要影响边墙及拱脚部位的应力分布,尤其在拱脚部位,局部富水地层产生的附加应力导致衬砌结构应力值的大幅增加,其与 3.4.2 节中建立的隧道渗漏水力学模型所揭示衬砌结构应力变化规律基本一致。

(3) 衬砌背后空洞对隧道结构性能的影响规律分析。

为准确验证 3.4.2 节中建立的隧道衬砌背后空洞力学模型,本次数值模拟试验主要研究隧道拱顶及边墙背后存在空洞的情况,重点分析空洞半径 r_0、空洞竖向位置 h_0(空洞上覆围岩厚度)2 个参数对衬砌结构应力的影响规律。经计算后,提取衬砌断面特征点(拱顶、拱肩、边墙、拱脚)的应力值,所得结果如图 3.4.7 所示。

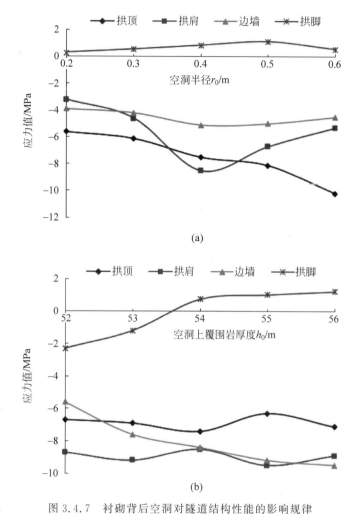

图 3.4.7　衬砌背后空洞对隧道结构性能的影响规律
(a)衬砌拱顶空洞半径对结构应力的影响;(b)衬砌边墙空洞位置对结构应力的影响

从图 3.4.7(a)中可以看出,当富水黄土隧道拱顶部位存在空洞时,随着空洞半径的不断增大,拱顶及拱肩处压应力值明显增大,尤其是拱顶处应力值增幅最大,其压应力由 5.6 MPa 增加至 10.2 MPa,增幅达 82.1%;而边墙处压应力及拱脚处的拉应力仅有小幅波动,相对较为平稳;从图 3.4.7(b)中可以看出,当富水黄土隧道边墙部位存在空洞时,随着空洞竖向位置(上覆围岩厚度)的不断增大,边墙处应力值明显增大,其最大增幅达 69.6%;而在空洞从边墙逐渐转移到拱脚的过程中,拱脚处应力由压应力逐渐转变为拉应力,并持续增大至 1.24 MPa,接近 C25 混凝土的抗拉强度。可见,隧道衬砌拱顶背后空洞对拱顶及拱肩部位应力分布影响较大,且随着空洞半径的增加,应力增加幅度加大;而衬砌边墙背后的空洞主要影响边墙及拱脚部位的应力分布,特别是当空洞位于拱脚部位时,其应力集中效应最为明显,极易导致拱脚失稳破坏。总之,该模拟结果验证了隧道背后空洞力学模型的客观性、准确性,并进一步揭示了富水黄土隧道衬砌背后空洞引起结构服役性能劣化的机理。

3.5 本章小结

本章在第 2 章研究的基础上,考虑富水黄土隧道结构劣化的基本特性,基于荷载结构法构建了隧道结构力学计算的修正模型,并利用数值模拟手段对该理论模型进行充分验证,从而建立了隧道结构性能劣化与其力学特性之间的相互关系,揭示了富水黄土隧道结构性能劣化机理及其影响规律,所得研究结果如下所述。

(1) 现有黄土隧道荷载结构计算理论是基于极限平衡理论的,其考虑了黄土隧道围岩破坏模式、黄土力学特性、隧道埋深、静止土压力系数等因素,给出了黄土隧道围岩压力计算模型、衬砌结构计算方法及安全性验算方法。

(2) 考虑富水黄土隧道衬砌裂缝宽度、深度、渗漏水位置、空洞半径、空洞位置等参数,基于荷载结构法分别构建了衬砌裂缝力学计算模型、渗漏水力学模型及空洞力学模型,从而形成考虑隧道结构性能劣化的荷载结构理论模型。

(3) 利用数值模拟手段计算了隧道衬砌裂缝、渗漏水、空洞的 55 种工况,其计算结果充分验证了理论模型的准确性、客观性,全面揭示了富水黄土隧道结构性能劣化机理及其影响规律,为富水黄土隧道服役性能劣化机理及处治奠定了理论基础。

第4章 富水黄土隧道围岩性状劣化机理研究

4.1 引言

本章在前两章富水黄土隧道服役性能状况调研、结构性能劣化分析方法研究的基础上,将研究重点聚焦在富水黄土隧道围岩性状的劣化机理方面。由于富水黄土隧道服役期内结构与围岩之间产生较大的相互作用力,使得结构的服役性能在极大程度上受围岩工程特性的影响。黄土具有大孔隙发育、垂直节理发育、结构疏松等特点,且伴随有结构性、湿陷性等特殊工程性质;因此,在地表灌溉、强降雨、沟谷地形等不良因素的影响下,黄土围岩由非饱和状态逐渐演化到饱和状态,其工程性质严重衰减。尤其在隧道运营阶段,黄土隧道围岩受不良地质因素的影响,其含水量持续增大,且地下水长期无法达到平衡状态,使得该过程较为漫长,而且在局部可能呈干燥-潮湿的循环作用,使得围岩劣化程度高、周期长,对黄土隧道服役性能产生直接影响。目前,关于黄土性状劣化机理方面的研究较多,但其主要针对黄土湿陷机理,且由于黄土结构复杂、多样,具有较强的区域特性,导致黄土性状劣化机理方面尚未形成统一的认识。近年来,随着电子显微镜、计算机断层扫描仪、激光粒度分析仪、等离子体发射光谱仪、离子色谱仪等先进测试仪器的涌现,使得针对富水黄土隧道围岩性状劣化机理开展全面而深入的研究成为可能。

鉴于此,本章首先结合学者们前期关于黄土微观结构方面的研究成果,总结分析黄土在非饱和状态下的微观结构特性;其次,利用计算机断层扫描仪对不同含水量、不同浸水时间下的黄土试样进行扫描,分析其孔隙度、各向异性度等参数的变化规律,揭示黄土在富水状态下的细观结构演化机理及规律;最后,采用多种室内试验手段分别对不同浸水条件下黄土黏粒含量、Zeta电位、离子含量及抗剪强度进行测试,从而从微观、细观、宏观角度全面揭示黄土性状劣化机理及特性,为富水黄土隧道服役性能劣化机理及处治技术研究提供理论基础。

4.2 黄土微观结构的基本特性

根据黄土地质特性,黄土地层从下到上依次可划分为 Q_1、Q_2、Q_3、Q_4 4 类地层。从隧道工程角度而言,由于 Q_1 黄土埋藏较深、厚度较小、土体强度较高,有利于黄土隧道结构整体稳定性；Q_4 黄土通常位于土层最上部，其埋藏较浅、土质疏松、强度极低、湿陷性较为显著，一般情况下不在其中修建隧道工程；而 Q_2、Q_3 黄土因分布广、厚度大、土质较密，其在含水量低的情况下具有较高的强度，是黄土隧道工程穿越的主要地层，然而其在地下水影响下工程性质劣化严重，尤其是 Q_3 黄土具有显著的结构性和强烈的水敏性，在地下水作用下极易产生湿陷、液化、振陷等地质灾害，对隧道工程产生极为不利的影响，而这些地质灾害的发生与 Q_3 黄土微观结构之间存在密不可分的联系[21-23]。

目前，扫描电子显微镜（SEM）法作为黄土微观结构的主要研究手段，其利用二次电子信号成像的原理实现对试样表面形态的精准观察。近年来，学者们采用 SEM 法对不同工况下黄土微观结构开展了大量详细而深入的研究工作，如马富丽等[24]利用 SEM 技术对 3 个场地、16 个土样的微观结构进行观测，得出不同放大倍数下的原状黄土 SEM 图，具体情况如图 4.2.1 所示；谷天峰等[25]研究了 SEM 图像处理中的降噪和分割方法，采用 Lee 图像增强算法对 SEM 图像进行降噪处理，得出不同荷载状态下黄土微观结构的不同倍数 SEM 图，其具体情况如图 4.2.2 所示。

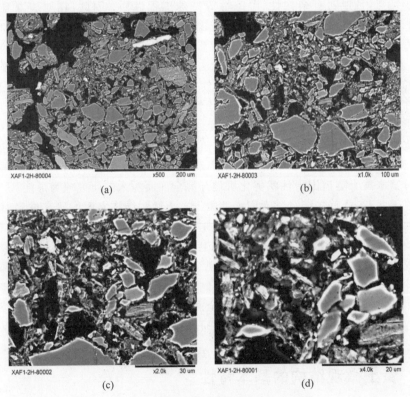

图 4.2.1　原状黄土微观结构 SEM 图像[21]

(a) 500 倍 SEM 图；(b) 1000 倍 SEM 图；(c) 2000 倍 SEM 图；(d) 4000 倍 SEM 图

图 4.2.2　不同荷载条件下黄土微观结构 SEM 图像[22]
(a) 围压 $\sigma=50$ kPa；(b) 围压 $\sigma=100$ kPa；(c) 围压 $\sigma=125$ kPa

从图 4.2.1 中可以看出，在放大 500 倍情况下，Q_3 黄土骨架颗粒非常清晰，其表面存在不规则的断面，棱角分明，骨架颗粒间接触状态以点接触、点-面接触为主；在大颗粒之间存在粒状的细小颗粒，大孔隙较为发育，土质分布基本均匀。当放大 1000 倍时，颗粒表面可明显看出存在贝壳状断面，大孔隙发育，孔隙形态不规则，其周围含有大量黏粉粒，孔隙分布基本均匀。当放大倍数为 1500～2000 时，明显看出黄土中主要存在胶结物质和骨架颗粒，其中骨架周围附有大量黏胶微粒，其形状极不规则，而胶结物质中存在直径为 1 μm 左右的微小孔隙，且孔隙之间具有较好的连通性，当地下水浸入后，将极大地削弱颗粒间黏结强度。从图 4.2.2 中可以看出，当黄土承受围压为 50 kPa 时，黄土颗粒间距离相对较大，其结构疏松，颗粒接触形式主要呈骨架接触状；而随着围压的不断增大，颗粒间排列逐步密实，颗粒间接触状态逐渐转变为骨架接触与镶嵌接触并存、镶嵌接触为主的状态。

4.3　围岩性状劣化的细观机理研究

黄土隧道围岩在富水工况下的宏观物理力学性状产生显著变化，而黄土孔隙特征变化是其性状演化的最基本表现形式。目前，随着 CT 技术的不断发展，其逐渐具备了对被测物体不同方向三维成像、高分辨率、扫描面积大等优势，利用 CT 技术可对富水黄土的孔隙特性进行精准、定量、无损、高效的量测。CT 技术能达到的分辨率为 25 μm，属细观尺度范畴；因此，本节利用 CT 技术对富水黄土的孔隙特征进行分析，进而研究富水黄土隧道围岩性状演化的细观机理。

4.3.1　CT 技术基本原理

CT 是当前工程界最常用、最先进的无损扫描技术之一，其利用 X 射线对被测物体进行多角度扫描，随后收集穿透被测物体的 X 射线衰减信息，经处理后可得到三维 CT 图像[26,27]。由于 CT 技术可针对被测物体进行二维扫描并进行单独成像，排除了其他方向的干扰，因此其具有快速扫描、高清成像的技术优势。

CT 的基本原理在于不同物体对 X 射线的吸收能力不同,即当 X 射线穿过物体时,各类物体对 X 射线具有不同的吸收能力;而且,物体的密度与其吸收能力之间存在较好的线性关系,即物体的密度越大,其原子序数也就越大,其对 X 射线的吸收能力也就越强[28]。当 X 射线穿过被测物体后,其强度发生衰减,而衰减程度与被测物体密度之间的数学关系可用下式表达

$$I = I_0 \mathrm{e}^{-\mu_m \rho L} = I_0 \mathrm{e}^{-\mu L} \tag{4.3.1}$$

式中,I_0、I 分别为 X 射线穿过被测物体前后的光强,$\mathrm{eV/(m^2 \cdot s)}$;$\mu_m$ 为单位质量的被测物体对 X 射线的吸收系数,$\mathrm{cm^2/g}$;ρ 为被测物体的密度,$\mathrm{g/cm^3}$;L 为 X 射线穿过被测物体的长度,cm;令 $\mu = \mu_m \rho$,则 μ 代表了被测物体单位体积对 X 射线的吸收系数,$\mathrm{cm^{-1}}$。

在 CT 试验过程中,首先由 X 射线光源发射出波长稳定、高度准直的 X 射线,并对被测物体某层位进行扫描;然后利用探测器接收穿过被测物体的 X 射线,为保证衰减后 X 射线清晰可辨,用信号放大器对其强度进行适当放大,传送至主机进行数据分析处理;最后经过主机计算后得到该层位的 X 射线吸收值,经转换后显示成像,所得 CT 灰度图中通过像素灰度值可反映出被测物体的结构特征及物质成分。CT 扫描技术的原理示意情况如图 4.3.1 所示。

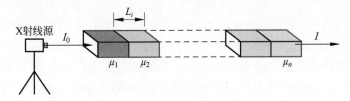

图 4.3.1　CT 技术原理示意图

4.3.2　CT 试验设备

本次 CT 试验仪器采用太原理工大学和中国工程物理研究院联合研发的 μCT225kVFCB 型高精度 CT 试验系统,其通过二维扫描成像,可直观、形象、准确地显示出原状黄土试样的内部结构及孔隙状态。该系统主要由 X 光机、数字平板探测器、计算机控制系统组成。其中,X 光机为 255 kV 微焦点型,其最大功率可达 320 W,靶点最小尺寸可达 3 μm,X 射线锥角为 25°,焦距最小可达 4.5 mm;数字平板探测器作为 X 射线的接收器,其成像尺寸为 406 mm×293 mm,成像速率为 12 bit 模数(A/D)转换,图像像素矩阵为 2^{14} 阶;计算机控制系统主要包含两部分:实验控制计算机和图像重建计算机,其中实验控制计算机主要负责发送指令、控制机械部分运转、X 光机微调、数据采集等功能,而图像重建计算机采用三维重建模块对 CT 切片重建及中值滤波,从而生成高分辨率的二维 CT 切片。CT 试验系统的具体情况如图 4.3.2 所示。

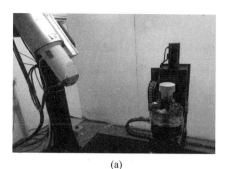 

(a) (b)

图 4.3.2 μCT225kVFCB 型高精度 CT 试验系统

(a) X 光机；(b) 计算机控制系统

4.3.3 试验基本方案

为深入研究富水黄土隧道围岩的细观结构变化规律，通过现场取样、配制目标含水量得到原状黄土试样，采用 μCT225kVFCB 型高精度 CT 试验系统进行 CT 试验，获取不同富水状态、不同浸水时间下的原状黄土 CT 切片，并基于分形理论研究黄土细观孔隙特征的变化规律，进而从细观角度揭示富水黄土隧道围岩性状演化机理。

根据现场调研实际情况，选取典型原状黄土取土点，现场取得原状土块，在实验室内配制目标含水量为 5%、10%、15%、20%、25% 的试样，其编号分别为试样 1～试样 5。为保证试验结果的准确性及可对比性，本次试验的 5 个试样均来自于同一取土点。试样制作完成后，分别放置于恒湿器中，并将恒湿器设置为各自对应的含水量值，从而保持各试样含水量不变；随后将各试样分别静置 1 d、3 d、5 d、7 d、9 d、11 d 后进行 CT 试验，获得二维 CT 切片图像。最后，利用 CT 数据分析软件提取各工况下原状黄土试样的孔隙度、各向异性度等情况，综合分析其在富水状态下的性状演化规律。

4.3.4 试样制作

为保证所取土样为典型原状黄土，本书以位于山西吕梁的某高速公路黄土隧道洞口处一新鲜临空面作为取土点，该处埋深约 35 m，地层条件属 Q_3 黄土，呈浅黄色，土质均匀，大孔隙和虫穴较发育，具有一定垂直节理，现场情况如图 4.3.3 所示。在取土现场利用铁锹取出尺寸约为 15 cm×30 cm×15 cm 的原状土块，具体情况如图 4.3.4 所示；同时，为提高本次试验的准确性，避免在运输途中对原状黄土产生扰动，须用多层气泡膜对原状土块进行封装，放置入泡

图 4.3.3 现场取样

沫箱内运回。

在实验室内,将原状土块削制成尺寸为 5 cm×5 cm×5 cm 的试块,对各个试块编号后,放置入温度保持在 100 ℃±2 ℃ 烘箱内烘干 8 h,取出后称重,获取各试样的初始质量为 m_1;随后再放置入烘箱内烘干 1 h,取出后第二次称重,获取各试块二次烘干后的质量为 m_2。若 $m_1 = m_2$,则认为各试样已完全烘干,含水量达到 0;若 $m_1 \neq m_2$,则继续烘干,直至各试样质量不变。其次,计算出各试样达到其对应含水量时所需水的质量 $m_水$;利用吸水球将称取好的水浸入各试样中,从而配制出不同含水量的试样,如图 4.3.5 所示。将各试样放置入恒湿箱内保持其含水量,静置备用。

图 4.3.4 现场原状土块

图 4.3.5 浸水后的原状黄土试样

4.3.5 试验数据处理方法

(1) 图像处理。

利用 CT 试验系统对试样进行扫描后,所得原始数据经初步转换后得到原始图片,如图 4.3.6 所示;但原始图片无法直接用于黄土结构识别及参数分析,还需进一步的图像处理。首先,利用 VGStudio MAX2.2 软件对 CT 的原始图像进行三维重构处理,生成 .vgi 文件;其次,选取图片中试样周围的像素为背景色,并选取图中试样上亮点处的像素为前景色,其赋值分别为 10000、35000,从而调节图片对比度,使图片更加清晰,且避免了后期图像识别中因原始图片中对比度不足而产生的误差,提高了试验结果的精确度;最后,对 CT 扫描三维图进行切片处理,由于侧视图因试样扫描角度不同而产生的结果提取差异,本次试验从俯视角度提取切片,试样高度为 5 cm,每次扫描沿竖向共分布有 1500 个像素,忽略试样上下扰动区各 0.5 cm 的高度,则每个试样每次扫描可得到 1200 张有效图片。切片图中纯黑色为试样以外的背景色,而相对较亮的区域为试样扫描图像,具体情况如图 4.3.7 所示。

图 4.3.6　CT 试验原始图片

图 4.3.7　CT 切片图(俯视图)

在 CT 切片图的基础上,采用 Image-J 软件对其进行感兴趣区(ROI)的选取,为避免试样扫描角度不同而产生的结果差异,本次试验所选取的 ROI 均为圆形。由于试样横截面尺寸为 5 cm×5 cm,忽略周边扰动区 1 cm 范围内的影响,则本次试验所选取的 ROI 直径为 3 cm,且 ROI 位于切片图的中心位置,其具体情况如图 4.3.8 所示。由于 CT 图像为 X 射线穿过试样后的衰减系数矩阵转换而成的灰度图,其利用像素的灰度值来反映试样的密度值,即灰度值越小,则图像颜色越深,试样密度越小;而灰度值越大,则图像颜色越浅,试样密度越大。因此,为便于 CT 图像的孔隙识别及参数提取,需对 CT 图像进行二值化处理,即通过确定一灰度值将图像分成非黑即白的二值图。二值化处理技术的关键在于阈值的确定,本书综合考虑 CT 图像的亮度、对比度以及前期研究成果[29],采用修正的 ISO data 法进行阈值的确定,其值分别为 25、255;同时,为保证试验结果的客观性、一致性,本次试验所有 CT 切片图均采用该阈值进行图像二值化,处理后的图片如图 4.3.9 所示。

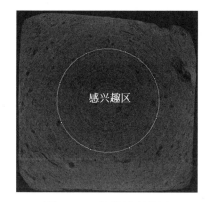
图 4.3.8　选取感兴趣区

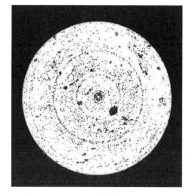
图 4.3.9　二值化处理示意图

(2) 特征参数提取。

为从细观角度准确分析富水黄土隧道围岩在不同浸水状态下的结构特征,本书需利用 Image-J 图像识别软件对 CT 切片图的孔隙特征参数进行提取。需选取典型的切片图,但由于本次试验共扫描 30 次,每次扫描可获得 1500 张切片图,考虑到其数据量大、参数提取工作烦琐,本书将每个试样沿竖向分成上、中、下三个区域,在每个区域中间部位选取 2 个典型切片图,自上而下切片的编号依次为 S1、S2、S3、S4、S5、S6,其具体分布情况如图 4.3.10 所示。

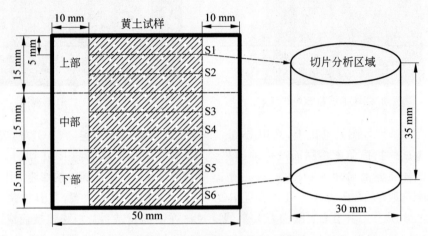

图 4.3.10　试样切片选取示意图

基于黄土的基本物理特性,结合本次 CT 试验的结果情况,本次试验采用 Image-J 软件提取孔隙平均面积、孔隙的长轴及短轴等基本参数,由于土体中的孔隙形状极不规则,要评价土体中大孔隙、中孔隙、小孔隙的分布情况,需对孔隙进行等效换算,即选取与孔隙面积相等的圆的直径作为其等效直径,其计算公式为

$$D = \sqrt{\frac{4S}{\pi}} \tag{4.3.2}$$

式中,D 为孔隙等效直径;S 为实测的孔隙面积。根据学者们的前期研究成果[30-31],本书将等效直径大于 1.0 mm 的孔隙定义为大孔隙,将等效直径为 0.2~1.0 mm 的孔隙定义为中孔隙,将等效直径小于 0.2 mm 的孔隙定义为小孔隙。

在上述测试结果分析的基础上,计算得出孔隙度及各向异性度。其中,孔隙度是指图像识别到的各孔隙面积之和与感兴趣区总面积之比[32-33];各向异性度表征了土体中孔隙的定向性[34-35],其计算公式为 $1-L/B$,这里 L 为椭圆孔隙的长轴特征值,B 为椭圆孔隙的短轴特征值。

4.3.6　试验结果与分析

(1) CT 图像分析。

为全面分析富水黄土隧道围岩在不同浸水状况下的细观结构变化情况,本书首先对 CT 切片图进行仔细观察,对其细观结构变化情况进行定性分析。由于本次试验针对试样 1~试样 5 在浸水 1 d、3 d、5 d、7 d、9 d、11 d 状态下进行 CT 试验,按照上述切片选取方法共得到180张切片图,但限于篇幅,本书仅列出各试样在浸水11 d状态下的切片图,共计30张,如图4.3.11～图4.3.15所示。

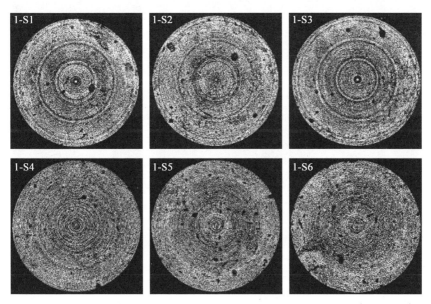

图4.3.11　试样1浸水11 d状态下的各层CT切片图

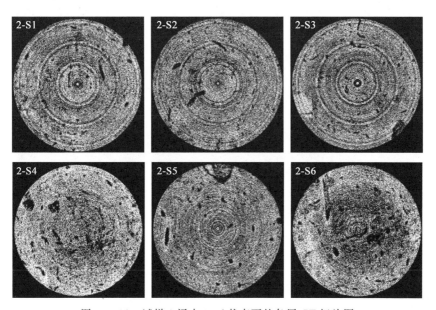

图4.3.12　试样2浸水11 d状态下的各层CT切片图

从图4.3.11和图4.3.12中可以看出,试样1、试样2在浸水11 d状态下各切片图中均表现出以小孔隙为主,局部分布有大孔隙,整体结构排列整齐;可见,当黄土隧道围岩含水量较低(5%、10%)时,土体中仅有毛细孔渗水,大孔隙并未浸

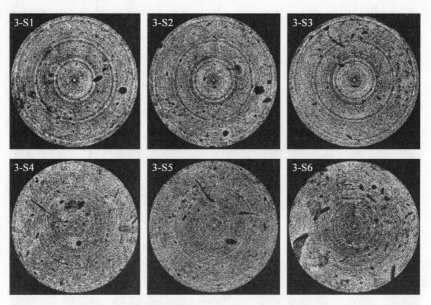

图 4.3.13　试样 3 浸水 11 d 状态下的各层 CT 切片图

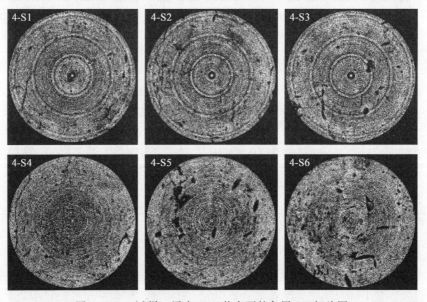

图 4.3.14　试样 4 浸水 11 d 状态下的各层 CT 切片图

水,土体细观孔隙结构受水的影响较小,原有大孔隙形状保持不变,土体整体强度劣化现象不明显,同时也表明原状黄土大孔隙、虫孔发育,具有较强的结构性。从图 4.3.13 和图 4.3.14 中可以看出,试样 3、试样 4 在浸水 11 d 状态下各切片图中土体大孔隙逐渐增多,且孔隙形状趋于不规则;可见,在同样的浸水时间条件下,随着含水量的增加(15%、20%),毛细孔渗水完成后,大孔隙逐渐浸水,且伴随发生

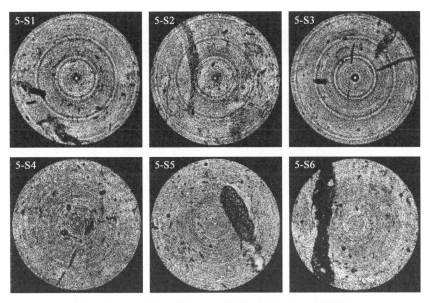

图 4.3.15　试样 5 浸水 11 d 状态下的各层 CT 切片图

有孔隙内部结构的变化,并导致孔隙形状产生变化,土体强度明显下降。从图 4.3.15 中可以看出,试样 5 在浸水 11 d 状态下内部大孔隙分布较多,多处产生大面积"凹陷";可见当黄土达到饱和或超饱和状态时(含水量 25%),黄土结构性遭到严重破坏,劣化程度严重,整体强度几乎全部丧失。

(2) 孔隙度分析。

本次试验采用 Image-J 软件对所选取的 180 张 CT 切片图进行处理,可直接提取出切片图中各孔隙的面积、长轴、短轴、坐标、角度等参数,再根据式(4.3.2)计算出孔隙等效直径;由于算术平均值具有较好的代表性,所以本次结果分析中均采用孔隙直径的算术平均值。经数据提取、整理后,所得每个试样在不同浸水时间下的总孔隙度、大孔隙度、中孔隙度、小孔隙度等参数情况如图 4.3.16 所示。

从图 4.3.16(a)中可以看出,试样 1～试样 5 其孔隙度随浸水时间的变化规律基本一致,均表现出波动增长的趋势,且试样含水量越高,其孔隙度也随之越高。总孔隙度最大值产生在试样 5 浸水 11 d 情况下,其值达 45.95%,较该试样浸水第 1 d 情况下的总孔隙度增幅达 17.5%。值得注意的是,各试样在浸水第 3～5 d 期间,其总孔隙度呈现小幅的回落,其最大降幅产生在试样 1 上,其降幅为 3.4%。从图 4.3.16(b)~(d)中可以看出,在浸水初期各试样均含有一定比例的大孔隙,尤其是试样 5 在浸水初期的大孔隙度达 28.67%,占总孔隙度的 73.3%,而此情况下的小孔隙度仅占总孔隙度的 18.7%,这也验证了黄土大孔隙发育的基本特性。随着含水量及浸水时间的增加,黄土大孔隙度不断增加,其最大值产生在试样 5 浸水 11 d 情况下,其值为 31.23%;而中、小孔隙度均有明显的下降。

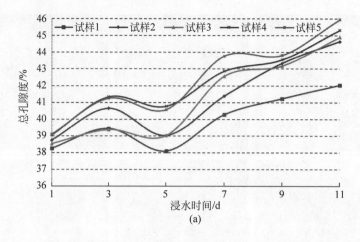

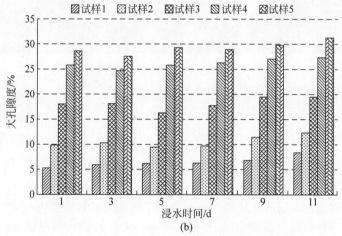

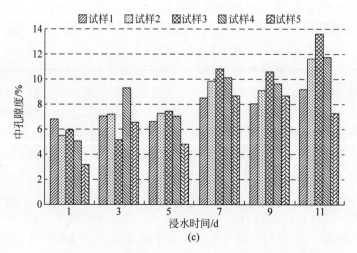

图 4.3.16 各试样的总孔隙度及大、中、小孔隙度随浸水时间变化情况
（a）总孔隙度；（b）大孔隙度；（c）中孔隙度；（d）小孔隙度

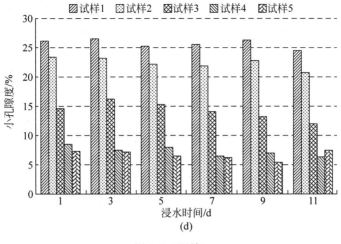

图 4.3.16(续)

总体而言,随着浸水时间及含水量的逐渐增大,富水黄土隧道围岩总孔隙度的变化规律呈现 3 个阶段,即第 1～3 d 为迅速增长期、第 3～5 d 为小幅回落期、第 5～11 d 为持续增长期;同时,富水黄土隧道围岩大孔隙度呈明显增大的趋势,而中、小孔隙逐渐崩解为大孔隙而导致中、小孔隙度呈现一定的下降趋势,其进一步说明了富水黄土隧道围岩在地下水作用下结构崩解,大孔隙不断增加,严重影响围岩的整体稳定性,威胁隧道服役性能。

(3) 各向异性度分析。

本试验利用 Image-J 软件提取出各试样 CT 切片图中孔隙的长轴、短轴值后,计算其孔隙的各向异性度;同样,为保证试验分析结果的科学性、代表性,本次试验结果也取算术平均值,得出试样 1～试样 5 的孔隙各向异性度随浸水时间的变化关系,其具体情况如图 4.3.17 所示。

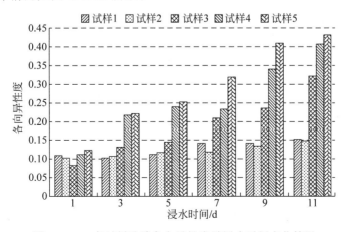

图 4.3.17 各试样孔隙各向异性度随浸水时间变化情况

从图 4.3.17 中可以看出,各试样在初始状态,其孔隙各向异性度值均分布在 0.10~0.15,其值普遍较小,说明了原状黄土土质均匀,孔隙及颗粒的排列定向性不强,其孔隙各向异性度的差异是由试样中存在的大孔隙、虫洞等形状不规则引起的。试样 1、试样 2 的孔隙各向异性度随浸水时间增长的变化趋势不明显,其值稳定地分布于 0.10~0.15,此原因在于黄土在含水量较低的情况下,水对土体颗粒的作用效果有限,不足以改变孔隙的形状及分布情况。而随着含水量的进一步增加,试样 3~试样 5 的孔隙各向异性度随浸水时间增长而产生了明显的变化,其最大值达到 0.432,出现在试样 5 在浸水 11 d 的状态下,此时黄土中的孔隙呈现出明显的定向性;此主要原因在于随着含水量的增加,地下水逐渐渗入土体内的大孔隙中,在外部压力作用下孔隙形状产生变化,导致黄土结构性产生破坏甚至彻底崩解,该产生原因与 CT 切片图的定性分析结果基本吻合。

4.4 围岩性状劣化的宏观机理研究

在 4.3 节细观研究的基础上,本节将回归到富水黄土隧道围岩性状演化的宏观机理研究方面;目前,学者们针对黄土隧道围岩性状开展了大量的研究工作,例如,田俊峰等[36]利用数值模拟手段研究了山西阳曲 1 号隧道围岩在含水量及冻融循环作用下的变形规律;朱合华等[37]依托上(虞)三(门)线任胡岭隧道,采用理论分析、室内土工试验手段针对饱和黄土蠕变的工程特性进行深入研究,解释了围岩力学性质遇水弱化的机理;崔强等[38]选取 5 处典型黄土试样,利用全分散法、半分散法对黄土的粒集和粒径变化规律进行研究,进而分析黄土隧道围岩受地下水影响后的胶结能力演化机理。在上述研究的基础上,本节充分考虑黄土在浸水条件下的孔隙度、各向异性度等参数情况,从不同浸水条件下黄土黏粒含量、Zeta 电位、离子含量及抗剪强度等角度出发,利用室内试验手段研究富水黄土隧道围岩性状劣化的宏观机理,与上述围岩性状劣化的微、细观研究结果形成互补,为富水黄土隧道服役性能劣化机理研究提供理论基础。

4.4.1 黏粒含量测试

根据《土的工程分类标准》(GB/T 50145—2007)中第 3.0.2 条关于土的粒组的相关规定,当土颗粒粒径 $d \leqslant 0.005$ mm 时,其为黏粒。对于富水黄土隧道围岩而言,其黏粒含量的大小直接决定了黄土颗粒的比表面积大小,影响黄土颗粒的结合水含量,并对黄土微观结构、液塑限、黏聚力、内摩擦角、抗剪强度等具有显著的影响[39-41];可以说,黏粒含量对于富水黄土隧道围岩的宏观性质具有非常重要的意义。

为准确测试富水黄土隧道围岩中黏粒含量的变化情况,本书首先选取吉河高速乔原隧道作为依托工程,在其隧道洞口地表、洞身拱顶、边墙、拱脚、基底等代表性位置分别进行现场取样,将其编号定为试样1~试样5,并用塑料瓶在隧道现场收集地下水;其次,将上述土样、地下水试样带回实验室后,将其分成8份,每份均为100 g,并将1份土样和1份地下水试样混合装入烧杯中,搅拌均匀,其具体情况如图4.4.1(a)所示;将混合后的各组试样分别静置浸泡1 d、3 d、5 d、7 d、9 d、11 d、13 d、15 d后,将其放置在108 ℃恒温烘箱中24 h,取出后静置冷却备用,其具体情况如图4.4.1(b)所示;然后,将冷却后黄土试样用研磨棒碾碎,用孔径为1 mm的细筛进行筛分,其具体情况如图4.4.1(c)所示;最后,将筛分出的黄土颗粒放入激光粒度分析仪,进行黏粒含量的测试。本次试验采用MS2000型激光粒度分析仪对试样的黏粒含量进行测试,其量程为0.02 μm~1 mm,整个测试过程由计算机进行控制,可实现测试数据的自动采集及处理,具体情况如图4.4.1(d)所示,所得黏粒含量的变化规律如图4.4.2所示。

图 4.4.1 黄土黏粒含量测试过程
(a) 100 g土样与100 g水样混合;(b) 用恒温烘箱烘干;
(c) 碾碎后用1 mm细筛进行筛分;(d) 利用激光粒度分析仪测试

从图4.4.2中可以看出,在地下水作用下富水黄土隧道围岩黏粒含量均表现出先减小后增大的趋势,其变化规律呈"勺形",整个变化过程可分为3个阶段。第1阶段为浸水第1~5 d,黏粒含量迅速降低,尤其是试样3的黏粒含量降低幅度较大,其最大值达31.4%;其主要原因在于富水黄土隧道围岩在地下水作用初期,黄土可溶盐迅速溶解,由于黏粒通常带有负电荷,在该环境下极易产生凝聚,导致黏粒含量的迅速降低。第2阶段为第5~9 d,黏粒含量小幅增长,其主要原因在于在

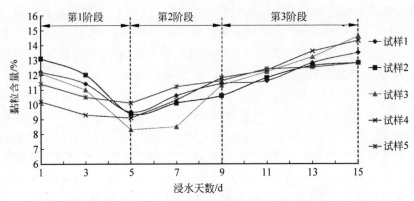

图 4.4.2　富水黄土隧道围岩黏粒含量变化曲线

（请扫 II 页二维码看彩图）

地下水作用下，黄土结构性遭到破坏，粗颗粒逐渐分解为小颗粒，引起黏粒含量的增加。第 3 阶段为第 9～15 d，黏粒含量大幅增加，尤其是试样 3 的增幅最为明显，其该阶段增幅最大值达 29.2%，且仍具有持续增长的趋势；其主要原因在于富水黄土隧道围岩在地下水的持续作用下，其结构性产生崩解，大孔隙、虫洞等孔隙结构全部被水浸透，粗颗粒进一步分解，导致黏粒含量大幅而持续的增长，引起围岩整体稳定性及抗剪强度的下降，对富水黄土隧道围岩性状劣化产生严重影响。

4.4.2　Zeta 电位测试

富水黄土隧道围岩在地下水作用下，其黏土颗粒带有负电荷，并产生对应的负电场，其吸附周围的阳离子，从而在黏土颗粒周围形成双电层，该双电层中包含位于内层的负电荷和位于外层的反离子，其中反离子又分为固定层和扩散层，在固定层中除了被平衡了的电位，还剩余部分电位，即 Zeta 电位。根据前期研究成果[42-43]可知，Zeta 电位与土体的扩散层厚度呈线性关系，且扩散层厚度与结合水膜厚度为一一对应关系，因此 Zeta 电位值的大小直接反映了富水黄土隧道围岩中结合水的多少，而结合水对于黄土隧道围岩的结构性、拱效应、湿陷性、蠕变性等具有非常重要的意义。

鉴于此，本书通过测试 Zeta 电位来间接获取结合水膜厚度，揭示富水黄土隧道围岩在地下水作用下的性状劣化规律。首先，针对典型富水黄土隧道进行现场取样，具体位置及方法与上一小节相同，并将其编号为试样 1～试样 5；其次，将土样和地下水试样分成 6 份，每份质量分别为 100 g、500 g，各取 1 份将其混合后搅拌均匀，分别静置 1 d、3 d、5 d、7 d、9 d、11 d、13 d、15 d 后，将黄土和地下水混合物倒入测试杯中备用，其具体情况如图 4.4.3(a)所示；最后，利用 JS94J2M 型 Zeta 电位测试仪进行测试，其点位置范围为 $-3000\sim+3000$ mV，将其转速设置为 250 r/min，其具体情况如图 4.4.3(b)所示，所得 Zeta 电位的时程曲线如图 4.4.4 所示。

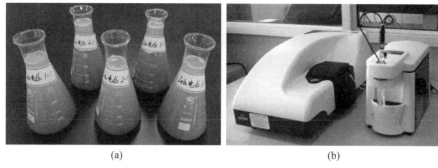

图 4.4.3 黄土 Zeta 电位试验过程

（a）100 g 土样和 500 g 水样混合；（b）利用 Zeta 电位测试仪测试

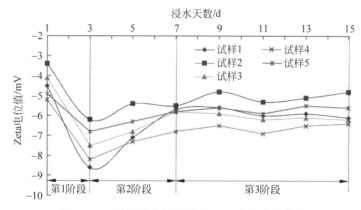

图 4.4.4 地下水作用下黄土 Zeta 电位变化曲线

（请扫Ⅱ页二维码看彩图）

从图 4.4.4 中可以看出，在地下水作用下富水黄土隧道围岩 Zeta 电位均呈负值，验证了上述黄土黏粒周边存在负电场的结论；同时，Zeta 电位绝对值呈现先增大、后减小、最终趋于平稳的变化趋势，整个变化过程可分为 3 个阶段。第 1 阶段为浸水第 1～3 d，Zeta 电位迅速增长，尤其是试样 1 增幅较大，其值达到 91.1%，可见在地下水作用初期，随着地下水逐渐渗入黄土颗粒间的小孔隙，部分自由水逐渐转变为结合水，黄土黏粒表面结合水膜厚度随之迅速增加。第 2 阶段为浸水第 3～7 d，Zeta 电位小幅降低，各试样在该阶段的降低幅度为 11.3%～33.7%，可见随着黄土中可溶盐的不断溶解，土体自由水离子浓度不断增大，黏土颗粒周围扩散层厚度减小，导致结合水膜厚度也随之减小；随后 Zeta 电位发展曲线进入第 3 阶段，即 Zeta 电位稳定期，与初始状态电位绝对值相比，其电位最终值普遍较大，表明富水黄土隧道围岩在地下水作用下结合水膜厚度增大，使得土体颗粒间联结力降低，土体强度及稳定性下降，导致富水黄土隧道围岩性状劣化。

4.4.3 离子浓度测试

富水黄土隧道围岩在地下水作用下将产生溶解、水解、离子交换等一系列的物理化学作用[44-45]。黄土中易溶盐含量较高,其在地下水作用下迅速溶解,产生各种阴阳离子,导致离子浓度随浸水时间而产生变化。在离子浓度变化过程中,黄土体中原有的平衡状态被打破,发生离子交换作用后,逐渐达到新的平衡状态;在该过程中黄土颗粒微观结构发生变化,其黏聚力、内摩擦角、抗剪强度等参数均随之变化,其对富水黄土隧道围岩性状产生显著影响。

为此,本书利用离子色谱仪、光谱仪对地下水作用下的黄土隧道围岩进行离子浓度测试,研究其在地下水作用下化学成分的变化规律。首先,采用上述方法对典型富水黄土隧道进行现场取样,再将土样和地下水试样分成 6 份,每份质量分别为 100 g、300 g,各取 1 份将其混合后搅拌均匀,分别静置 1 d、3 d、5 d、7 d、9 d、11 d、13 d、15 d 后备用,其具体情况如图 4.4.5(a)所示;其次,用注射器取其上层清液的一半,经初步过滤后,存于烧杯中备用,其具体情况如图 4.4.5(b)所示。最后采用 Vista-Pro 型电感耦合等离子体发射光谱仪对上层溶液中金属离子含量进行测试,其波长范围为 175~785 nm,杂散光度 $S<2$ ppm,其具有准确度高、测试速度快、自动化程度高等优势,其具体情况如图 4.4.5(c)所示;采用 Sykam-150 型离子色谱仪对上层溶液中氯离子含量进行测试,其梯度稳定性 RSD<0.07%,系统耐压

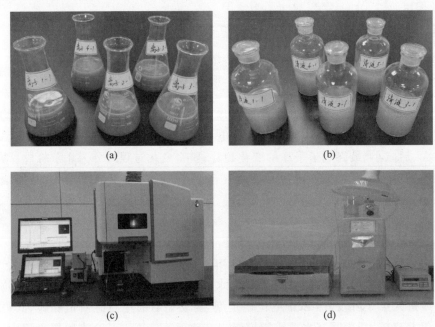

图 4.4.5 黄土离子浓度测试过程

(a) 100 g 土样和 300 g 水样混合;(b) 取上层清液;(c) Vista-Pro 型光谱仪;(d) Sykam-150 型离子色谱仪

性 $P \geqslant 40$ MPa,其具体情况如图 4.4.6(d)所示。对于上述 5 组试样,测取其各类离子含量后,取其算术平均值,其具体测试结果见表 4.4.1。

表 4.4.1 在地下水作用下黄土上层清液化学成分测试结果　　　　　单位：mg/L

浸水天数/d	Na^+	K^+	Ca^{2+}	Mg^{2+}	Al^{3+}	Fe^{3+}	Sr^{2+}	Cl^-
1	30.21	1.85	54.67	18.18	0.04	0.05	3.10	18.46
3	449.80	12.54	48.51	28.54	0.06	0.04	3.28	185.60
5	445.60	9.83	35.16	26.47	0.03	0.04	3.59	164.23
7	497.30	11.23	37.80	30.20	0.03	0.05	4.16	189.26
9	467.20	11.58	38.16	28.45	0.03	0.04	4.28	195.30
11	478.50	11.60	40.15	35.16	0.03	0.03	5.69	196.25
13	515.20	13.54	42.18	38.69	0.03	0.03	5.82	204.58
15	518.30	13.68	50.89	43.15	0.04	0.04	5.90	210.64

从上述试验结果中可以看出,富水黄土隧道围岩在地下水作用下,Na^+、Cl^- 浓度迅速增大,在浸水第 3 d 即达到较高浓度值,在第 3～15 d 呈缓慢增长趋势,可见黄土中可溶盐含量较大,以 $NaCl$、KCl、$NaSO_4$ 等成分为主,且其溶解速度较快。Ca^{2+} 浓度虽有波动,但总体呈下降趋势,其主要原因是在地下水作用初期,黄土溶液中存在一定含量 Ca^{2+},其具有促进黄土颗粒产生凝聚反应的作用,而随着凝聚反应的不断进行,Ca^{2+} 参与反应而导致浓度降低;同时,因 Ca^{2+} 浓度较高,其产生扩散作用而进入黏土颗粒中的反离子层,并与其中的阳离子产生置换,Ca^{2+} 浓度随之降低。Al^{3+}、Fe^{3+} 含量较低,且在整个浸水过程中浓度保持稳定,其原因在于黄土黏粒的结构主要为硅氧四面体、铝氢氧八面体,在地下水作用下黄土结构产生崩解,部分黏粒产生溶解,分离出一定含量的 Al^{3+}、Fe^{3+}。Sr 元素含量随浸水时间呈缓慢增长趋势,其原因在于黄土中含有大量的方解石、长石等可溶性矿物成分,经溶解后形成新的黏质矿物成分。

结合上述黏粒含量、Zeta 电位、离子浓度在整个浸水过程中的变化规律,并综合考虑 4.3 节中从细观角度分析的富水黄土隧道围岩孔隙度的变化规律,可以看出两者高度吻合。从总体而言,富水黄土隧道围岩在地下水作用下孔隙度的变化可分为 3 个阶段:第 1 阶段为孔隙度迅速增长期,其产生的主要原因在于黄土在浸水初期,土颗粒间的胶结物、易溶盐在水分作用下迅速溶解,导致颗粒间联结作用减弱,黄土结构性遭到严重破坏,孔隙度增大;第 2 阶段为孔隙度小幅回落期,其原因在于黄土中易溶盐及矿物质不断溶解,使得裂隙水中各类离子浓度迅速增大,并与土颗粒反粒子层产生离子交换作用,导致细小颗粒吸附在大颗粒周围,土体总孔隙度相应减小;第 3 阶段为孔隙度的反弹上升阶段,其原因在于随着浸水时间的增加,易溶盐、原生矿物质分解完成,土体中粗颗粒进一步分解,引起大孔隙度的不断增长,导致富水黄土隧道围岩性状劣化加剧。

4.4.4 抗剪强度测试

为从宏观角度深入研究富水黄土隧道围岩抗剪强度的变化规律,本书采用德国 Wille 公司 ARS 型全自动环剪仪进行测试,其可根据时间或沉降情况模拟剪切前的固结过程,并在剪切过程中连续监测荷载、旋转速度、位移、沉降、时间等参数。ARS 环剪仪试验槽内环直径为 100 mm,外环直径为 150 mm,高度为 30 mm,剪切面积为 98.13 cm^2,环剪速度由高精度电机控制,其剪切速率和轴向压力可线性增加,垂直法向应力最大值为 10 kN,作用在试样上的最大压应力为 1000 kPa;最大剪切应力为 10 kN,旋转角度为 360°,最大剪切速率为 32 mm/min,最大轴向位移 25 mm。

本次试验共分为 8 组试验,分别测试富水黄土隧道围岩在浸水 1 d、3 d、5 d、7 d、9 d、11 d、13 d、15 d 状况下的抗剪强度,每组为 4 个试样,分别用于测试正应力为 200 kPa、300 kPa、350 kPa、400 kPa 的不同工况。首先,在制样方面,本次试验采用重塑黄土,将现场取回的土样碾碎后过 2 mm 细筛,用烘箱将土样烘干,随后加水调制成含水量为 12.5% 的土样,然后采用分层击实法将土样压入环刀内,使其试样密度为 1.68 g/cm^3,保证其与原状黄土密度相同,再采用真空法使其达到饱和状态;其次,待上述各组试样分别达到预定浸水时间后,将其装入剪切盒内,并使上、下剪切盒连接牢固;最后,将剪切盒放置在环剪仪上,设置剪切速率为 5 mm/min,采用单级排水模式进行剪切试验;所得不同正应力作用下黄土抗剪峰值强度及残余强度随浸水时间的变化情况如图 4.4.6 所示。

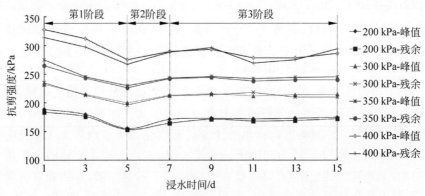

图 4.4.6 不同正应力作用下黄土抗剪强度随浸水时间的变化曲线

(请扫Ⅱ页二维码看彩图)

从上述试验结果中可以看出,富水黄土隧道围岩在不同正应力作用下抗剪强度随浸水时间的变化规律基本相同,其在相同正应力及浸水时间下抗剪峰值强度与残余强度较为接近,残余强度稍小于峰值强度。但值得说明的是,在试验中发现个别试样存在残余强度略大于峰值强度的情况,此原因在于黄土试样在剪应力作用下产生剪切破坏,抗剪强度迅速达到峰值,剪切裂缝迅速发展,而在正应力的持续作用下,剪切裂缝逐渐闭合,剪切面结构产生变化,黄土颗粒重新排列,由于黄土黏粒的存在而使得颗粒间咬合力更强,使得抗剪强度反弹,出现残余强度大于抗剪强度的情况。总体而言,富水黄土隧道围岩在地下水作用下抗剪强度变化规律呈"勺形",并可分为3个阶段。第1阶段为浸水1～5 d,抗剪强度迅速降低,且正应力越大,其衰减幅度越快,在正应力为400 kPa时的降幅达20%;第2阶段为浸水5～7 d,抗剪强度在达到最低值后产生反弹,其增加幅度相对较小,在正应力为200 kPa时的增幅为10.3%;第3阶段为浸水7～15 d,抗剪强度基本保持不变,仅有正应力为400 kPa时产生小幅波动,此时抗剪强度值较浸水初期降幅为7%～10%。可见,富水黄土隧道围岩在浸水第5 d时抗剪强度最低,围岩性状劣化程度较高,这进一步解释了富水黄土隧道在浸水初期地表裂缝发展迅速、支护结构变形大的根本原因,也为确定富水黄土隧道劣化的处治时机提供了技术支撑。

4.5 本章小结

本章采用文献调研、CT试验、室内土工试验等手段,针对富水黄土隧道围岩微观结构、不同含水量情况下的细观结构、孔隙度、各向异性度的变化规律,以及不同浸水条件下黄土黏粒含量、Zeta电位、离子浓度、抗剪强度变化规律进行深入研究,从微观、细观、宏观角度全面揭示富水黄土隧道围岩性状劣化机理,所得研究结论如下所述。

(1) 黄土骨架颗粒间接触状态以点接触、点-面接触为主,大颗粒间存在粒状的细小颗粒,大孔隙较为发育,土质分布基本均匀;孔隙之间具有较好的连通性,当地下水浸入后,将极大地削弱颗粒间黏结强度;随着围压的不断增大,颗粒间排列逐步密实,颗粒间接触状态逐渐转变为骨架接触与镶嵌接触并存、镶嵌接触为主的状态。

(2) 从细观角度而言,富水黄土隧道围岩孔隙度随浸水时间的变化呈现出波动增长的趋势,其含水量越高,其孔隙度也随之越高;孔隙各向异性度随浸水时间增长而产生了明显的变化,黄土中的孔隙呈现出明显的定向性。

(3) 从宏观角度而言,富水黄土隧道围岩黏粒含量表现出先减小后增加的趋势,其与黄土颗粒在地下水作用下的结构性衰减、粗颗粒崩解有关;Zeta电位绝对值呈现先增大、后减小、最终趋于平稳的变化趋势,表明结合水膜厚度增大,土颗粒间联结力降低;溶液中离子浓度随可溶盐溶解、凝聚反应、置换反应而不断变化;抗剪强度随浸水时间呈"勺形"变化,在浸水第5 d时抗剪强度最低,围岩性状劣化程度较高;研究成果为确定富水黄土隧道劣化处治的时机提供技术支撑。

第5章 富水黄土隧道服役性能劣化物理模型试验研究

5.1 引言

第 3、4 章分别针对富水黄土隧道结构、围岩服役性能劣化机理开展了深入研究,在此研究基础上,本章将从富水黄土隧道结构与围岩相互作用关系角度出发,研究不同富水工况下黄土隧道围岩压力、结构力学特性的演化规律,从而为富水黄土隧道服役性能劣化机理提供理论支撑。目前,学者们主要采用数值模拟手段分析地下水作用下隧道结构及围岩的性能演化规律,例如,薛富春[46]利用 PLAXIS 2D 动力模块和 ANSYS/LS-DYNA 程序研究了富水黄土隧道围岩及结构在 4 种典型激振频率下的动力响应规律;孙志杰和袁杰[47]利用有限元软件对富水黄土隧道的渗流场和位移场进行模拟分析;苏春晖等[48]利用 PLAXIS 软件对富水黄土隧道在初始状态及开挖扰动后的渗流场进行模拟,进而研究地下水变化对隧道围岩及结构稳定性的影响。上述研究成果虽取得了一定的技术突破,但数值模拟手段研究局限性较强,且富水黄土隧道结构与围岩相互作用关系复杂,在该方面的研究尚无定论;而物理模型试验作为隧道与地下工程学科中非常重要的研究手段,其在相似理论的支撑下可客观、准确、科学、形象地模拟各种事物的状态及其演化过程,具有数值模拟、理论分析等研究手段所无法比拟的优势。因此,本章将采用隧道物理模型试验的研究手段,全面分析不同富水工况下黄土隧道围岩压力及结构力学特性。

在模型试验隧道类型方面,由于黄土地区地形沟壑纵横,洞口段多存在浅埋、偏压情况,其应力分布不均衡,在富水工况下性能劣化程度较高;而且,随着当前交通量的不断增大,大断面黄土隧道不断涌现,其跨度大、临空面大,在富水工况下结构稳定性面临严峻的挑战,因此本章开展的模型试验将浅埋偏压、大断面黄土隧道作为主要研究类型。同时,由于深埋两车道作为最普遍的黄土隧道结构型式,其可与浅埋偏压、大断面黄土隧道形成对比试验,也作为本模型试验最主要的研究类型之一。总之,本章以深埋两车道、浅埋偏压、大断面黄土隧道为研究对象,重点考虑地表水下渗、周边裂隙水入渗、地下水位上升等因素的影响,利用模型试验模拟各种富水工况,并监测隧道围岩压力及结构力学特性,为富水黄土隧道服役性能劣化机理及处治技术研究提供全面的技术支撑。

5.2 相似模型试验基本原理

5.2.1 相似定理

自然界客观事物的变化规律错综复杂,单纯依靠数学知识无法全面解决,而直接采用现场试验手段存在费时费力、成本高、周期长、数据量少等缺点,无法全面获取事物的本质及发展规律。物理模型试验以相似理论为基础,利用缩尺试验手段对实体事物进行科学、高效的简化,抓住主要矛盾,忽略次要矛盾,在满足各物理量相似关系的前提下,其试验结果对研究实体事物规律具有非常重要的科学意义。随着工程界科研工作的不断深入及研究手段的不断发展,物理模型试验的优势逐渐凸显出来,尤其在隧道及地下工程领域,其已逐步发展为最热门的研究手段之一。相似模型试验应遵循的相似定理主要有以下三个。

1) 相似第一定理

对于相似的事物而言,其必须保持几何条件、物性条件、边界条件、初始条件等单值条件相似,即可理解为当两个事物相似时,其相似指标(两事物相似常数的比值)为1,则相似判据为常数。对于本书所涉及的隧道模型试验,其最终目的在于模拟富水黄土隧道受力状态,因此必须满足隧道模型与依托工程的几何相似、边界条件相似、初始状态相似、荷载条件相似,进而保证受力状态的相似。假设本隧道模型共考虑了 n 个相似指标,则其服从相似性方程

$$D_L\left(\frac{x_{1\beta}}{x_{\beta 0}},\frac{x_{2\beta}}{x_{2\beta 0}},\cdots,\frac{x_{1\beta}}{x_{\beta 0}};\pi_{1/\beta},\pi_{2/\beta},\cdots,\pi_{(Z_1-1)/\beta}\right)=0 \tag{5.2.1}$$

对于已知隧道模型特征方程,可通过相似常数代入式(5.2.1)中,可得出相似指标。

2) 相似第二定理(π 定理)

相似第二定理也称为"π 定理",其表征着各相似准则之间存在的函数关系,是量纲分析的最基础的理论依据。当采用函数关系表示某个事物的 n 个物理指标时,假设其含有 m 个基本量纲,则相似判据为 $n-m$ 个。若要使得两个事物达到相似状态,则需使得上述相似判据方程中的各系数相同。因此,每个相似事物的物理性质指标可通过建立关系方程,将其转换为无量纲常数间的关系方程,以便于全面控制相似性。无量纲相似的基本判据方程主要包含了相似判据、无量纲量、同物理量之间的比值。

3) 相似第三定理

两个相似的事物,其单值条件必定相似。单值条件主要是指所研究的事物能够被唯一确定下来的条件,对于隧道模型试验而言,其单值条件主要有:

(1) 初始条件,非稳态事物在初始时刻的物理量的分布情况,而对于稳态问题

则无须明确初始条件;

(2) 边界条件,半无限空间体内隧道工程边界上的应力、应变条件;

(3) 几何条件,隧道支护结构及周边围岩的几何形状、尺寸;

(4) 物理条件,隧道支护结构及围岩的物理力学性质。

5.2.2 相似常数的基本定义

事物原型的物理量与其模型中对应物理量之间的比值称为相似常数,用 C 来表示;原型和模型的物理量分别用下标 p、m 来表示。对于模型试验而言,必须明确相似常数,才能由相似模型试验的结果推算出原型的实际情况。对于隧道模型试验而言,其涉及相似常数的物理量主要有:几何 l、应力 σ、应变 ε、位移 δ、弹性模量 E、容重 γ、泊松比 μ、黏聚力 c 及内摩擦角 φ,其对应的相似常数如下所述。

几何相似常数:

$$C_l = \frac{x_p}{x_m} = \frac{y_p}{y_m} = \frac{z_p}{z_m} = \frac{\delta_p}{\delta_m} = \frac{l_p}{l_m} \tag{5.2.2}$$

应力相似常数:

$$C_\sigma = \frac{\sigma_p}{\sigma_m} = \frac{(\tau_{xy})_p}{(\tau_{xy})_m} = \frac{c_p}{c_m} \tag{5.2.3}$$

应变相似常数:

$$C_\varepsilon = \frac{\varepsilon_p}{\varepsilon_m} = \frac{(\varepsilon_{xy})_p}{(\varepsilon_{xy})_m} \tag{5.2.4}$$

弹性模量相似常数:

$$C_E = \frac{E_p}{E_m} \tag{5.2.5}$$

容重相似常数:

$$C_\gamma = \frac{\gamma_p}{\gamma_m} \tag{5.2.6}$$

位移相似常数:

$$C_\delta = \frac{\delta_p}{\delta_m} \tag{5.2.7}$$

泊松比相似常数:

$$C_\mu = \frac{\mu_p}{\mu_m} \tag{5.2.8}$$

内摩擦角相似常数:

$$C_\varphi = \frac{\varphi_p}{\varphi_m} \tag{5.2.9}$$

体积力相似常数：

$$C_X = \frac{X_p}{X_m} \tag{5.2.10}$$

5.2.3 相似条件关系的建立

隧道模型试验属于弹性问题，其符合弹性理论体系中的平衡方程、几何方程、物理方程。选取隧道原型中的某一点，分别建立平衡方程、几何方程、物理方程。

平衡方程：

$$\begin{cases} \dfrac{\partial \sigma_x}{\partial x} + \dfrac{\partial \tau_{yx}}{\partial y} + \dfrac{\partial \tau_{zx}}{\partial z} + X = 0 \\ \dfrac{\partial \sigma_y}{\partial y} + \dfrac{\partial \tau_{zy}}{\partial z} + \dfrac{\partial \tau_{xy}}{\partial x} + Y = 0 \\ \dfrac{\partial \sigma_z}{\partial z} + \dfrac{\partial \tau_{xz}}{\partial x} + \dfrac{\partial \tau_{yz}}{\partial y} + Z = 0 \end{cases} \tag{5.2.11}$$

几何方程：

$$\begin{cases} \varepsilon_x = \dfrac{\partial u}{\partial x}, \quad \gamma_{xy} = \dfrac{\partial v}{\partial x} + \dfrac{\partial u}{\partial y} \\ \varepsilon_y = \dfrac{\partial v}{\partial y}, \quad \gamma_{yz} = \dfrac{\partial w}{\partial y} + \dfrac{\partial v}{\partial z} \\ \varepsilon_z = \dfrac{\partial w}{\partial z}, \quad \gamma_{zx} = \dfrac{\partial u}{\partial z} + \dfrac{\partial w}{\partial x} \end{cases} \tag{5.2.12}$$

物理方程：

$$\begin{cases} \varepsilon_x = \dfrac{1}{E}[\sigma_x - \mu(\sigma_y + \sigma_z)], \quad \gamma_{xy} = \dfrac{2(1+\mu)}{E}\tau_{xy} \\ \varepsilon_y = \dfrac{1}{E}[\sigma_y - \mu(\sigma_z + \sigma_x)], \quad \gamma_{yz} = \dfrac{2(1+\mu)}{E}\tau_{yz} \\ \varepsilon_z = \dfrac{1}{E}[\sigma_z - \mu(\sigma_x + \sigma_y)], \quad \gamma_{zx} = \dfrac{2(1+\mu)}{E}\tau_{zx} \end{cases} \tag{5.2.13}$$

式中，σ、τ 分别表示正应力和剪应力；ε、γ 分别表示正应变和剪应变；u、v、w 分别表示直角坐标系中 x、y、z 方向上的位移分量。

基于平衡方程，以 x 方向的分量为例，则隧道原型及模型的表达式分别为

$$\left(\frac{\partial \sigma_x}{\partial x} + \frac{\partial \tau_{yx}}{\partial y} + \frac{\partial \tau_{zx}}{\partial z} + X\right)_p = 0 \tag{5.2.14}$$

$$\left(\frac{\partial \sigma_x}{\partial x} + \frac{\partial \tau_{yx}}{\partial y} + \frac{\partial \tau_{zx}}{\partial z} + X\right)_m = 0 \tag{5.2.15}$$

将式(5.2.2)代入式(5.2.14)中，则有

$$\frac{\partial \sigma_x}{\partial x} + \frac{\partial \tau_{yx}}{\partial y} + \frac{\partial \tau_{zx}}{\partial z} + \frac{C_l C_\gamma}{C_\sigma} X = 0 \tag{5.2.16}$$

对比分析式(5.2.15)和式(5.2.16),利用相似第一定理可知,若要求隧道模型与实体工程相似,则式(5.2.15)和式(5.2.16)应相等,因此可得出几何相似常数 C_l、应力相似常数 C_σ 及容重相似常数 C_γ 之间的相似关系:

$$\frac{C_l C_\gamma}{C_\sigma} = 1 \qquad (5.2.17)$$

同理,基于几何方程建立隧道模型与实体工程之间的相似条件,可得出几何相似常数 C_l、应变相似常数 C_ε 及位移相似常数 C_δ 之间的相似关系:

$$\frac{C_l C_\varepsilon}{C_\delta} = 1 \qquad (5.2.18)$$

而基于物理方程建立隧道模型与实体工程之间的相似条件,可得出应力相似常数 C_σ、应变相似常数 C_ε 及弹性模量相似常数 C_E 之间的相似关系;同时,得出泊松比无量纲量之间的相似常数 C_μ:

$$\frac{C_\sigma}{C_\varepsilon C_E} = 1 \qquad (5.2.19)$$

$$C_\mu = 1 \qquad (5.2.20)$$

5.2.4 相似关系的建立

本隧道模型试验中涉及的物理量有 9 个,即长度 L、力 F、密度 γ、应变 ε、应力 σ、位移 δ、含水量 ω、泊松比 μ、弹性模量 E。通过量纲分析,确定以长度 $[L]$、力 $[F]$ 作为基本量纲;基于相似第二定理,根据上述 9 个物理量、2 个基本物理量纲可建立 7 个相似判据。

基于量纲分析法,得出应力 σ、位移 δ 的量纲表达式为

$$\sigma = f_1(L, \gamma, q, E, \mu, \varepsilon, \omega) \qquad (5.2.21)$$

$$\delta = f_2(L, \gamma, q, E, \mu, \varepsilon, \omega) \qquad (5.2.22)$$

假设上述 7 个物理量的幂次分别为 a、b、c、d、e、f、g,则利用指数法可得出量纲关系式:

$$[\sigma] = [L^a, \gamma^b, q^c, E^d, \mu^e, \varepsilon^f, \omega^g] \qquad (5.2.23)$$

$$[\delta] = [L^a, \gamma^b, q^c, E^d, \mu^e, \varepsilon^f, \omega^g] \qquad (5.2.24)$$

将长度 $[L]$、力 $[F]$ 两个基本量纲代入式(5.2.23)中,可得

$$[FL^{-2}] = [L^a, (FL^{-3})^b, (FL^{-2})^c, (FL^{-2})^d, (F^0 L^0)^e, (F^0 L^0)^f, (F^0 L^0)^g]$$

$$(5.2.25)$$

上述等式若要成立,其两个基本量纲 $[L]$、$[F]$ 的幂次也要相等,即

$$\begin{cases} b + c + d = 1 \\ a - 3b - 2c - 2d = -2 \end{cases} \qquad (5.2.26)$$

将式(5.2.26)代入式(5.2.23)中,可得判据方程为

$$\left[\frac{\sigma}{F}\right] = \left[\left(\frac{L\gamma}{F}\right)^{1-c-d}\left(\frac{E}{F}\right)^d \mu^e \varepsilon^f \omega^g\right] \quad (5.2.27)$$

即

$$\frac{\sigma}{F} = f_3\left(\frac{L\gamma}{F}, \frac{E}{F}, \mu, \varepsilon, \omega\right) \quad (5.2.28)$$

由式(5.2.28)可得以下 6 个相似判据：

$$\pi_1 = \frac{\sigma}{F}, \quad \pi_2 = \frac{L\gamma}{F}, \quad \pi_3 = \frac{E}{F}, \quad \pi_4 = \mu, \quad \pi_5 = \varepsilon, \quad \pi_6 = \omega \quad (5.2.29)$$

同理，对式(5.2.24)进行量纲分析，可得出判据方程：

$$\frac{\delta}{L} = f_4\left(\frac{L\gamma}{F}, \frac{E}{F}, \mu, \varepsilon, \omega\right) \quad (5.2.30)$$

由式(5.2.30)可得出第 7 个相似判据：

$$\pi_7 = \frac{\delta}{L} \quad (5.2.31)$$

根据上述相似判据，可得出以下相似条件：

$$C_\sigma = C_\gamma C_l, \quad C_\delta = C_\varepsilon C_l, \quad C_\sigma = C_E C_\varepsilon, \quad C_\varepsilon = 1, \quad C_\varphi = 1, \quad C_\mu = 1 \quad (5.2.32)$$

根据本次模型试验的模型箱尺寸、模型材料总量、加载设备、试验场地等条件，首先确定出本次模型试验的几何相似比 $C_l = 35$；其次，根据模型试验材料的配比情况，确定出本次模型试验的容重相似比 $C_\gamma = 1$；最后，以上述几何相似比、容重相似比为基础，根据式(5.2.32)可得出各物理参数的相似比，具体情况见表 5.2.1。

表 5.2.1 模型试验各物理力学参数的相似比

物理参数	量纲	相似关系	相似比
长度 L	$[L]$	C_l	35
力 F	$[F]$	$C_F = C_l C_\gamma$	35^2
比重 γ	$[FL^{-3}]$	C_γ	1
应力 σ	$[FL^{-2}]$	$C_\sigma = C_F$	35
应变 ε	1	C_ε	1
弹性模量 E	$[FL^{-2}]$	$C_E = C_F$	35
泊松比 μ	1	C_μ	1

5.3 围岩相似材料研究

5.3.1 围岩相似材料的选择

(1) 黄土隧道围岩相似材料目标参数。

本书依托工程为吉河高速乔原隧道，该隧道位于黄土塬区，隧址区内地层结构简单,自上而下依次为第四系上更新统风积物(Q_3^{eol})、第四系中更新统冲洪积物(Q_2^{al+pl})。其中,第四系中更新统冲洪积物(Q_2^{al+pl})厚度为 26.3～113.8 m,土质均匀,结构较紧密,小孔系发育,垂直节理发育,含有少量钙质结核,呈硬塑状态,具有轻微湿陷性,为洞身段主要围岩。结合隧道地质勘查资料,利用室内试验测试黄土隧道围岩物理力学参数;基于上述模型试验各物理参数的相似比,折算出隧道模型围岩材料的物理参数,具体情况如表 5.3.1 所示。

表 5.3.1 隧道围岩物理参数

类型	含水量 $W/\%$	密度 $\rho/(g/cm^3)$	压缩模量 E_s/MPa	黏聚力 c/kPa	内摩擦角 $\varphi/(°)$	塑限 $W_P/\%$	液限 $W_L/\%$	湿陷系数 δ_s
原状黄土	17.5	1.78	13.10	33.20	24.20	19.60	28.5	0.023
模型相似材料	17.5	1.78	0.37	33.20	24.20	19.60	28.5	0.023

(2) 相似材料的选择及配比。

本次模型试验的目的在于研究富水黄土隧道结构与围岩的相互作用关系,为保证试验结果的准确性,应保证围岩相似材料与依托工程原状黄土符合上述相似理论。结合依托工程原状黄土的基本工程特性,本次模型试验围岩相似材料配制过程中应将黏聚力 c、内摩擦角 φ、压缩模量 E_s 及湿陷系数 δ_s 作为主要控制指标。目前,国内外学者们针对配制黄土相似材料已开展了大量的研究工作,积累了丰富的实践经验,例如,西安理工大学陈昌禄等[49]通过在重塑黄土中添加高岭土、CaO、CO_2、水泥、$CaCl_2$ 等材料来制备黄土相似材料,其基本原理在于利用 CaO、CO_2 和水进行充分反应,形成 $CaCO_3$ 与水泥共同产生黄土颗粒间的胶结作用,以模拟黄土中的大孔隙结构,充分体现原状黄土的结构性;兰州交通大学张延杰等[50]选用石英粉、标准砂作为散体无黏性材料,以及膨润土、石膏、工业盐等作为胶结性材料,通过大量的配合比试验,成功配制出具有强湿陷性的人工黄土;Assallay 等[51]在研究黄土开放型孔隙结构的基础上,选用兰州黄土、石英粉为基础材料,利用空中自由下落法配制人工黄土,其科学、准确地模拟了天然风成黄土的湿陷性;Zourmpakis 等[52]以黏土和石英粉为基础材料,结合空中自由下落法及配合比试验,配制出具有强湿陷性的人工黄土,并明确给出了控制湿陷性强弱的具体方法。上述研究成果充分表明,人工黄土可在物理力学性能、结构性、湿陷性等方面与原状黄土保持相似,可以满足黄土隧道模型试验的需求。

本书基于上述研究成果,选用重塑黄土为基础材料,辅以石英粉、标准砂、工业盐、石膏粉、CaO 粉等材料,通过大量配比试验,以配制出符合本次隧道模型试验要求的黄土相似材料。相似材料选取基本原理在于:本次模型试验所需材料量大,而重塑黄土性能上与原状黄土较为接近,其取料方便廉价,可作为基础性材料;CaO 粉遇水后生成 $Ca(OH)_2$,其微溶于水,从而模拟原状黄土在遇水后产生的湿陷性效果,因此本书选用 CaO 粉作为辅料,并通过调节其百分含量来控制人工黄土的湿陷性程度;同时,CaO 粉在人工黄土干燥状态下具有一定的强度,在富水状态下生成 $Ca(OH)_2$ 后强度逐渐丧失,利用该性质可模拟原状黄土的结构性。工业盐易溶于水,其价格低廉,可用于增加人工黄土的湿陷性,且通过调节工业盐的含量更易实现人工黄土湿陷程度的控制。石英粉和标准砂的主要成分为 SiO_2,其坚硬、耐磨、化学性能稳定,可用于调节人工黄土的压缩模量。石膏粉粒度较细,在干燥状态下胶结强度较高,而在富水状态下胶结强度逐渐减小,可用于模拟原状黄土颗粒间的胶结作用;同时,石膏粉遇水后易形成微孔结构,可模拟原状黄土的孔隙结构。人工黄土制备的具体过程为:首先,在现场取回原状土,去除杂物后,将其碾碎后烘干,并过 2 mm 的细筛,将制备好的重塑黄土放置干燥处备用;其次,将石英粉、CaO 粉破碎,使其粒径为 1 mm,并将其烘干备用;最后,确定模型试验所需各类材料的总量,计算目标含水量情况下所需水的质量,并用量杯量取对应量的水备用。

值得注意的是,人工黄土在制备过程中,在配制目标含水量时,仅将水添加至重塑黄土中,待其搅拌均匀,闷料 24 h 后,方可与其他材料拌和,从而避免在混合料中加水使得 CaO 遇水首先发生反应、工业盐溶解,无法在试验过程中模拟黄土在富水状态下结构性的变化。本次试验材料的配制情况如图 5.3.1 所示。

图 5.3.1 模型试验相似材料配制情况

根据前期研究成果[53],对于轻微湿陷性黄土而言,其 CaO 粉百分比含量应严格控制,不宜超过 2%,因此本书中 CaO 粉含量取 1%、2% 开展对比试验;同时,现有文献资料显示,石膏粉的含量控制在 5%～8% 时效果较好[54],本书石膏粉含量分别选取 5%、6%、7%、8% 开展对比试验。以此为基础,结合原状黄土的物理力学参数,经综合考虑,制定了 6 组人工黄土试样材料配合比,其具体情况见表 5.3.2。

表 5.3.2 人工黄土试样材料配合比   单位:%

编号	重塑黄土	石英粉	标准砂	工业盐	石膏粉	CaO 粉
试样 1	81	4	5	4	5	1
试样 2	78	5	6	4	6	1
试样 3	75	5	7	4	8	1
试样 4	72	6	8	5	7	2
试样 5	70	6	8	6	8	2
试样 6	68	7	9	6	8	2

5.3.2 围岩相似材料的物理性能测试

(1) 测试方案及试样的制作。

为保证本次隧道模型试验结果的准确性,人工制备黄土在相似性方面应与依托工程原状黄土一致,针对上述试样1~试样6不同的配合比,本书采用室内试验对其黏聚力、内摩擦角、压缩模量、湿陷系数等重要参数进行测试,与原状黄土物理力学参数进行对比,不断调节人工黄土各材料的配合比,最终给出人工黄土的最优配合比。根据《公路土工试验规程》(JTG E40—2007)的相关规定,采用室内剪切试验来测试各试样的黏聚力及内摩擦角,其试验设备采用 ZJ 型四联应变控制直剪仪(图 5.3.2),其 4 个试件所施加的垂直荷载分别为 100 kPa、200 kPa、300 kPa、400 kPa,并以 1.2 mm/min 的速率剪切试样。人工黄土的压缩模量和湿陷系数分别采用固结试验、单线法湿陷性试验进行测试,其试验仪器均为 WG 型单杠杆固结仪(图 5.3.3)。其中,固结试验施加荷载等级为 50 kPa、100 kPa、200 kPa、300 kPa、400 kPa;同时,在施加荷载前,为确保试验仪器各个部位接触良好,应先施加 1 kPa 的预加荷载,再将位移量表的读数置零;当位移量表读数变化速率不超过 0.005 mm/h 时,可认为其变形稳定,并施加下一级荷载。湿陷性试验施加荷载等级为 50 kPa、100 kPa、200 kPa、300 kPa,施加荷载后每 1 h 读取一次位移量表,直至变形稳定(稳定标准为变形速率不超过 0.01 mm/h);在施加最后一级荷载并达到变形稳定状态后,方可向试验容器内注水,记录浸水前后变形稳定状态下的试样高度,最终计算出各级荷载下的湿陷系数。

图 5.3.2　ZJ 型应变控制直剪仪　　图 5.3.3　WG 型单杠杆固结仪

上述人工黄土的剪切试验、固结试验、湿陷性试验均采用小环刀试样,其直径为 6.18 cm,高度为 2 cm。在试样制备前,首先根据小环刀体积 V、目标含水量 W、容重 r 等参数,计算出各配合比条件下各材料的质量见表 5.3.3;其次,将水添加至重塑黄土中,搅拌均匀并闷料 24 h 后,与其他材料拌和后备用;最后,利用制样器将拌和后的材料压入小环刀内,制得上述试验所需的试样,其具体情况如

图 5.3.4、图 5.3.5 所示。

表 5.3.3　小环刀试样所需各材料的质量　　　　　　　单位：g

编号	重塑黄土	石英粉	标准砂	工业盐	石膏粉	CaO 粉	水
试样 1	86.45	4.27	5.34	4.27	5.34	1.07	18.68
试样 2	83.25	5.34	6.40	4.27	6.40	1.07	18.68
试样 3	80.05	5.34	7.47	4.27	8.54	1.07	18.68
试样 4	76.85	6.40	8.54	5.34	7.47	2.13	18.68
试样 5	74.71	6.40	8.54	6.40	8.54	2.13	18.68
试样 6	72.58	7.47	9.61	6.40	8.54	2.13	18.68

图 5.3.4　制样器

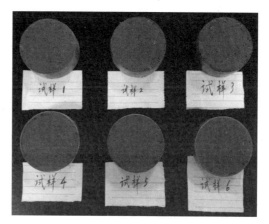

图 5.3.5　人工黄土试样

（2）黏聚力及摩擦角测试结果。

利用上述试验方法，对试样 1～试样 6 开展剪切试验，得出各试样的抗剪强度与垂直荷载之间的关系曲线，具体情况如图 5.3.6 所示。在各关系曲线基础上，通过线性拟合得出各试样的黏聚力 c 及内摩擦角 φ，具体情况见表 5.3.4。

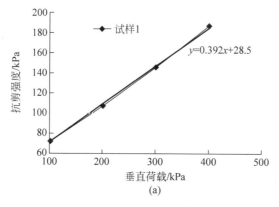

图 5.3.6　各试样的抗剪强度测试结果

（a）试样 1；（b）试样 2；（c）试样 3；（d）试样 4；（e）试样 5；（f）试样 6

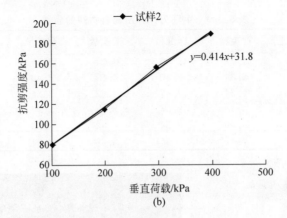

(b)

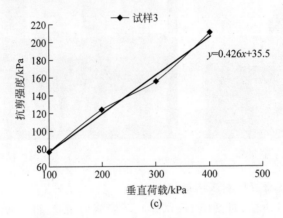

(c)

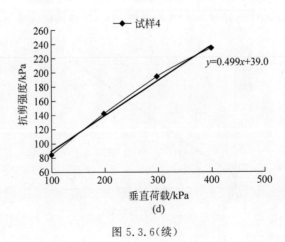

(d)

图 5.3.6(续)

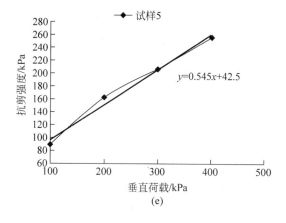

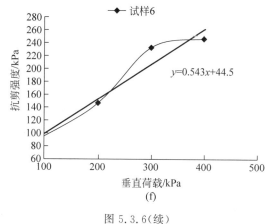

图 5.3.6(续)

表 5.3.4　各试样黏聚力和内摩擦角计算结果

编　　号	试样 1	试样 2	试样 3	试样 4	试样 5	试样 6
黏聚力 c/kPa	28.5	31.8	35.5	39.0	42.5	44.5
内摩擦角 φ/(°)	21.4	22.5	23.1	26.5	28.6	28.5

由表 5.3.4 可以看出,试样 3 的黏聚力及内摩擦角与原状黄土的参数最为接近,满足本次模型试验围岩相似材料在抗剪强度方面的要求。同时,对比分析试样 2、试样 3 的配合比情况,可以看出在石英粉、工业盐、CaO 粉含量相同的情况下,石膏粉含量对人工黄土黏聚力值及内摩擦角值影响显著,可通过调节石膏粉含量进一步提高人工黄土与原状黄土在抗剪强度方面的相似性。

(3) 压缩模量测试结果。

针对试样 1~试样 6 开展上述标准固结试验,在试验开始前首先测试各试样的初始高度 h_0 及初始孔隙比 e_0,而在试验过程中记录各级荷载作用下的试样变形量 Δh_i,待试验最后一级荷载施加并变形稳定后,测取试样总变形量 $\sum \Delta h_i$,并根据式(5.3.1)~式(5.3.4)分别计算试样最终高度h_i、孔隙比e_i、压缩系数a_v、压缩模量E_s,所得各试样最终压缩模量结果如表5.3.5所示。

$$h_i = h_0 - \sum \Delta h_i \tag{5.3.1}$$

$$e_i = \frac{h_i(1+e_0)}{h_0} - 1 \tag{5.3.2}$$

$$a_v = \frac{e_i - e_{i-1}}{p_{i-1} - p_i} \tag{5.3.3}$$

$$E_s = \frac{1+e_i}{a_v} \tag{5.3.4}$$

表5.3.5 各试样压缩模量计算结果

编号	试样1	试样2	试样3	试样4	试样5	试样6
压缩模量E_s/MPa	0.21	0.33	0.35	0.57	0.60	0.65

由表5.3.5可以看出,试样3的压缩模量最接近原状黄土相似材料的目标参数,满足人工黄土在压缩模量方面的要求。通过对比分析试样1~试样6的配合比,可以看出,在工业盐、CaO粉含量相同的情况下,随着石英粉、标准砂含量的增加,人工黄土的压缩模量显著增加。因此,对于试样3的配合比而言,其所得压缩模量略小,应在此基础上增大石英粉及标准砂的含量,进一步调节人工黄土的压缩模量值。

(4)湿陷性测试结果。

本书针对人工黄土湿陷性的测试采用单线法开展试验,在试验过程中首先针对各组配合比分别制备5个试样,逐级施加荷载50 kPa、100 kPa、200 kPa、300 kPa,待变形稳定后,向容器内注水,使试样在附加荷载作用下达到浸水饱和状态,直至变形重新稳定;通过记录各级荷载下的变形量,计算其对应荷载状态下的湿陷系数。本次试验所得各试样在不同荷载等级下的湿陷系数见表5.3.6。

表5.3.6 各试样在不同荷载等级下的湿陷系数

编号	湿陷系数			
	50 kPa	100 kPa	200 kPa	300 kPa
试样1	0.025	0.036	0.019	0.016
试样2	0.028	0.038	0.019	0.015
试样3	0.034	0.042	0.028	0.017
试样4	0.041	0.056	0.038	0.029
试样5	0.045	0.061	0.043	0.032
试样6	0.051	0.067	0.050	0.044

由表5.3.6中湿陷系数测试结果可以看出,各配合比情况下的人工黄土在不同荷载等级下的湿陷系数均表现出先增大后减小的趋势,即在荷载等级50 kPa和

100 kPa情况下,随着荷载的不断增大,各试样的湿陷系数不断增大,在100 kPa荷载等级情况下达到最大值;而在200 kPa、300 kPa荷载作用下,各试样的湿陷系数逐渐减小。此原因主要在于人工黄土中含有工业盐、CaO粉等粗颗粒作为骨料,且含有石膏粉在遇水后易形成微孔结构,使得人工黄土在加压初始阶段产生压密变形,其变形总量较大;随着荷载的进一步增加,压密变形完成,人工黄土在水分作用下,其CaO粉与水分产生反应生成$Ca(OH)_2$,工业盐溶解于水中,导致人工黄土产生湿陷变形;在湿陷变形完成后,人工黄土在荷载作用下产生固结变形,其变形量较小。因此,在确定各配合比人工黄土的湿陷系数时,应充分考虑所模拟的原状黄土的荷载状态。结合依托隧道工程的埋深情况,本次模型试验人工黄土荷载等级取值为200 kPa,通过对比分析可知,试样3的湿陷系数与原状黄土最为接近,满足本次模型试验的要求。

5.4 隧道衬砌模型制作

5.4.1 隧道衬砌相似材料的选择

本次模型试验的依托隧道工程衬砌材料采用C30混凝土,其弹性模量为30 GPa,根据表5.2.1中模型材料与原型材料的相似关系可知,隧道衬砌相似材料的弹性模量应为0.86 GPa。目前,在隧道衬砌相似材料方面,学者们已开展了大量的研究工作,例如,张玉伟[55]选用有机玻璃来模拟C50混凝土材料,通过工厂定制弹性模量为1.17 GPa的有机玻璃管以模拟相似比为1∶30的盾构隧道管片;陈浩等[56]采用石膏、重晶石粉、砂和水来模拟隧道衬砌,经过大量的不同配合比的相似材料物理力学试验,最终确定最佳配合比;林春金[57]采用细砂和粉煤灰水泥来模拟C35混凝土衬砌,其弹性模量满足试验要求,但其存在的问题在于相似材料混合料的凝固时间过长,制模效率较低,严重影响模型试验的整体进度。Miller[58]采用砂作为骨料,石膏、硅藻土作为胶结材料来模拟隧道衬砌,在配制过程中,石膏与砂混合后发生放热反应,产生大量的气泡,在模型中形成小空隙,通过添加硅藻土产生缓凝作用,加速气泡排出;但采用砂、石膏、硅藻土配制的模型材料试件,其弹性模量对湿度的敏感性极强,对试验环境要求较高。

结合学者们前期研究经验,考虑本次模型试验的实际情况,选用纯石膏、水作为相似材料,并初步确定其质量比分别为1∶1.0,1∶1.2,1∶1.4,1∶1.6,1∶1.8,1∶2.0,通过开展室内试验测试不同配合比情况下的材料物理力学参数,以确定最佳配合比。

5.4.2 隧道衬砌相似材料力学性能测试

为准确、高效地确定衬砌相似材料的配合比,本书以衬砌相似材料的弹性模量为主要评价指标,通过室内试验测试上述各配合比条件下的衬砌相似材料弹性模量。相似材料试样的制备采用常规三轴试验所用的制样器,其内径为61.8 mm、高为125 mm,其主要由底座、模桶、箍环、加载柱等部分组成,具体情况如图5.4.1所示。

制备试样的具体过程主要有以下四个步骤。

(1) 根据隧道衬砌材料的容重及试样体积,计算试样的总质量,并根据上述各配合比情况计算石膏、水的质量,量取对应量的石膏、水放置在容器内备用。

(2) 选取机油为脱模剂,将其均匀涂抹在模桶内壁上,避免在试样脱模过程中试样与模桶内壁粘贴过牢而导致脱模困难或试样外侧缺损。

(3) 将已量取好的石膏、水混合并进行搅拌,由于石膏凝固速度较快,所以整个搅拌过程不得超过1 min;待搅拌均匀后,迅速将黏稠状的石膏浆装入模桶内,并利用加载柱对模桶内的石膏浆进行压密。

(4) 待模桶内的石膏浆静置30 min后,其石膏浆基本凝固,试样初步成形后,拔除箍环,拆除模桶,将试样取出后用烘箱烘干即可;本试验所得各配合比情况下的试样如图5.4.2所示。

图5.4.1 常规三轴试验制样器

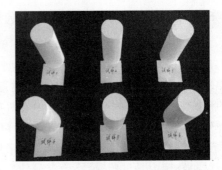
图5.4.2 隧道衬砌相似材料试样

本次试验采用YJZ-500D型全自动压力试验机对上述试样的弹性模量进行测试,其压力量程为20~500 kN,最大行程为28 cm,可自动记录并输出测试数据,其具体情况如图5.4.3所示。在试验过程中,首先将试样1~试样6逐个放置在加压平台上,施加1 kN的预荷载,保证试样与加压平台接触良好;其次以0.2 mm/min的速度进行加载,加载至试样受力为0.5 MPa时对应的初始荷载值F_0,保持恒载1 min并记录试样高度h_0;随后以同样的加载速度继续加载,直至试样出现明显破坏,记录最终荷载值F_a及对应的试样高度h_a;破坏后的试样具体情况如图5.4.4所示。在上述试验结果的基础上,利用下列公式计算各试样的弹性模量E_c,所得计算结果如表5.4.1所示。

$$E_c = \frac{F_a - F_0}{A} \cdot \frac{L}{\Delta h} \tag{5.4.1}$$

式中,A为试样的承压面积;L为试样在预荷载状态下的高度;Δh为最终荷载与初始荷载状态下试样高度的差值。

图 5.4.3　YJZ-500D 型全自动压力试验机　　图 5.4.4　破坏后的相似材料试样

表 5.4.1　隧道衬砌相似材料弹性模量测试结果

编　号	试样 1	试样 2	试样 3	试样 4	试样 5	试样 6
配合比(石膏与水的质量比)	1∶1.0	1∶1.2	1∶1.4	1∶1.6	1∶1.8	1∶2.0
弹性模量 E_c/GPa	1.64	1.32	1.18	0.92	0.68	0.53

由表 5.4.1 可以看出,随着石膏掺水量的不断增加,试样弹性模量逐渐减小;试样 4 的弹性模量与原状隧道衬砌材料弹性模量的相似比最为接近,其误差仅为 7%,满足本次模型试验隧道衬砌相似材料的要求。

5.4.3　隧道衬砌模型的制作

隧道衬砌模型是整个模型试验中最重要的环节,其制作精度直接影响隧道模型试验中衬砌的应力分布、变形特性等,对隧道模型试验结果具有非常重要的影响。目前,针对隧道衬砌模型的制作方法,学者们已开展了大量而深入的研究工作,例如,马腾飞等[59]、郑升宝[60]采用铁质模具,其虽通过涂抹脱模剂使得模型脱模效果较好,但其均存在模具成本较高、组装及搬运不方便、易生锈等缺点,严重影响了隧道衬砌模型的制备效果;来弘鹏等[61]、杨万精[62]采用木质模具,其虽制作成本低、质量较轻、易搬运,但其在富水及温差较大的情况下易变形,且木质与脱模剂相互作用效果欠佳,导致模型脱模效果较差,影响模型的整体制作效果。

鉴于此,本书将研发一种制模精度高、质量轻便、操作简便、成本低的隧道衬砌模型浇筑装置,其主要采用雕刻机、聚氯乙烯(PVC)泡沫板、石膏、底板等组成;其中雕刻机采用 CNC-4040 型全自动数控雕刻机,其加工精度可达 0.02 mm;PVC 泡沫板厚度为 2.8 cm,弯曲强度不小于 30 MPa;石膏采用 a 级高强度石膏粉,其凝固速度快,成型后强度高;底板采用 E_0 级胶合木板,其厚度为 17 mm,弯曲强度不小于 45 MPa。本试验的隧道衬砌模型具体制作步骤如下所述。

(1) 制作内模浇筑箱及外模。

为保证隧道衬砌模型制作的精度,本次试验的内模采用石膏一次性浇筑成型的实芯内模,首先应制作内模浇筑箱,为方便起见,本次内模浇筑箱与隧道衬砌外模同批加工。通过相似比计算隧道衬砌模型内模及外模尺寸,将其参数输入 CNC-4040 型全自动数控雕刻机,进而在 PVC 泡沫板上准确切割出内模浇筑箱及外模。由于本次试验的隧道衬砌模型轴向长度为 86 cm,内模浇筑箱及外模各需 30 组,具体情况如图 5.4.5 所示。

(2) 浇筑内模。

将环氧树脂胶浆均匀涂抹于已制备好的 30 组内模 PVC 板各表层上,在层与层堆叠时利用橡胶锤均匀锤击,保证内模 PVC 板层与层之间粘结牢固,避免内模浇筑过程中出现漏浆现象;同时,利用 4 个木楔将内模浇筑箱底部固定在底板上,避免了内模在浇筑过程中因浇筑箱位置偏移而降低其成型质量,具体情况如图 5.4.6 所示。内模浇筑完成后,待石膏凝固后拆除内模浇筑箱,将内模放置干燥处备用,其具体情况如图 5.4.7 所示。

图 5.4.5 内模浇筑箱及外模

图 5.4.6 浇筑箱定位

图 5.4.7 浇筑成型后的内模

(3) 外模拼装及模型整体浇筑。

外模拼装过程如同上述内模浇筑箱拼装过程,值得注意的是,在外模 PVC 泡沫板层与层之间缝隙处应涂抹适量的凡士林,以保证隧道衬砌模型外表面光滑,提高隧道模型试验的精度。外模拼装完成后,将已按隧道衬砌相似材料配合比制备好的石膏浆液浇入内模与外模之间的缝隙；在浇筑过程中,应利用振捣棒在外模表面及底板处进行振捣,使得石膏浆液分布均匀并及时排出气泡,避免隧道衬砌模型表面形成蜂窝麻面,影响隧道衬砌模型整体强度。模型的整体浇筑情况如图 5.4.8 所示。

（4）拆模及养护。

隧道衬砌模型浇筑完成后静置 12 h,待其强度达到设计强度 80% 后进行拆模；首先拆除 4 个木楔,将模型浇筑箱与底板分离,再按照"从外到内、从上到下"的顺序拆除各层 PVC 泡沫板。值得注意的是,在拆模过程中应避免损伤隧道衬砌模型表面,保证其整体性。拆模完成后,检查模型局部是否存在凸起、凹陷、麻面等情况,并利用削除、粘补等方式进行修复；随后将隧道衬砌模型放入烘箱烘干 24 h 后,放置干燥处备用,其具体情况如图 5.4.9 所示。

图 5.4.8　隧道衬砌模型整体浇筑

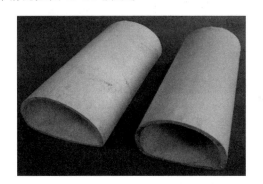

图 5.4.9　隧道衬砌模型

5.5　模型试验箱及监测布设

5.5.1　试验模型箱设计方案

本模型试验的目的在于重点研究深埋、大断面、浅埋偏压隧道在不同富水工况下(地下水位上升、周边裂隙水汇集、地表水下渗)隧道结构与围岩的相互作用关系,全面揭示富水黄土隧道服役性能劣化机理,为下一步富水黄土隧道服役性能劣化处治提供理论支撑。

在模型箱设计方面,首先应确定合理的模型箱尺寸,根据前述本模型试验的几何相似比 $C_L=35$,以深埋两车道隧道断面为例,其开挖跨度为 11.86 m、高度为

9.63 m,隧道衬砌结构厚度为 50 cm,利用几何相似比折算后,隧道结构模型尺寸为横向宽度 33.9 cm、高度 27.5 cm,衬砌厚度 1.4 cm。为全面消除模型试验中边界效应对试验结果的影响,模型箱两侧横向距离应各取 2 倍隧道宽度,则模型箱横向宽度应为 1.7 m(33.9 cm+67.8 cm+67.8 cm≈170 cm)。隧道底部距离取两倍隧道高度,为 55 cm(27.5 cm+27.5 cm=55 cm),模型箱高度考虑到模型箱中填土夯实过程中需预留一定高度,且在加载过程中也需一定预留空间,其最终设计高度为 1.6 m。在隧道轴向上,结合现场调研情况,并考虑隧道轴向变形的影响范围,取 30 m 隧道段作为研究目标,则模型箱轴向宽度为 0.86 m。综上,本次模型试验所采用的模型试验箱尺寸为:横向宽度 1.7 m,高度 1.6 m,轴向宽度 0.86 m,其结构示意图如图 5.5.1 所示。

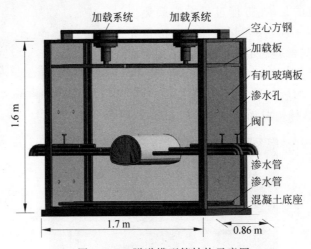

图 5.5.1 隧道模型箱结构示意图

本隧道模型试验系统主要由混凝土底座、空心方钢、有机玻璃板、渗水管、阀门、反力梁、加载系统、加载板等构成。其中,混凝土底座厚度为 5 cm,由 C25 防水混凝土浇筑而成;空心方钢和有机玻璃板构成了隧道模型试验的腔体,其空心方钢采用截面尺寸为 3 cm×3 cm 的正方形方钢,空心方钢的壁厚为 2 mm;有机玻璃板厚度为 1 cm,抗压强度不小于 100 MPa;为保证连接紧密,有机玻璃板与空心方钢之间通过螺栓铆接方式进行固定,并采用防水玻璃胶将铆接处及各缝隙处进行封闭,避免在试验过程中漏水,影响试验精度。渗水管采用 PVC 管,其直径为 2 cm,PVC 管上竖直方向、水平方向均匀设置有 4 排渗水孔,其孔径为 2 mm,间距为 5 cm。反力梁采用 I12 型工字钢,其设置在模型箱沿隧道轴向的中间部位,其两端与模型箱体的空心方钢焊接。液压千斤顶的工作压力不小于 60 MPa,行程不小于 20 cm。加载板采用厚度为 2 cm 的钢板。

本模型试验模拟地下水位上升、周边裂隙水汇集、地表水下渗 3 种富水情况,需在模型箱适当部位布设渗水管。当模拟地下水位上升时,在模型箱底部布设 2

根渗水管,通过控制其渗水量及压力,使得隧道基底以下黄土围岩含水量逐渐增大,以模拟其富水工况。当模拟周边裂隙水汇集时,由于受隧道开挖卸荷作用的影响,隧道周边裂隙水在压力作用下由远及近逐渐渗透至衬砌背后,为准确、客观地模拟这一过程,本模型试验通过在隧道衬砌结构两侧分别布设 3 根渗水管,每根渗水管的渗水孔布设位置不同,其渗水孔布设长度分别占隧道衬砌至模型箱边界处距离的 1/3,从而通过阀门依次打开各个渗水管而实现周边裂隙水逐渐汇集的过程。当模拟地表水下渗时,在浅埋地层布设 2 根渗水管,并通过控制渗水量及水压,使得隧道顶部围岩逐渐达到富水状态。为适应不同工况下的渗水管安装需求,本模型箱两侧有机玻璃板上设置有预留孔,其直径为 2.5 cm。在试验过程中,应将暂不用的预留孔进行封堵,避免其漏水而影响试验的准确性。本模型箱的正面和侧面情况分别如图 5.5.2、图 5.5.3 所示。

图 5.5.2　模型箱正面

图 5.5.3　模型箱侧面

5.5.2　测试项目及传感器布设

本次隧道模型试验的目的在于研究黄土隧道在不同富水状态下的衬砌结构力学特性,而围岩压力作为隧道衬砌结构受力状态的根本原因,是本次模型试验的必测项目;隧道衬砌弯矩及轴力是其在不同受力状态下最直接的响应,能够客观、准确地反映衬砌的力学行为,因此隧道衬砌弯矩及轴力是本次模型试验最直接的监测物理量,其监测准确性直接影响试验的结果;同时,隧道整体位移是隧道衬砌结构在不同受力状态下的最终体现,其直接反映了富水黄土隧道的安全性及耐久性,具有非常重要的现实意义。

(1) 围岩压力。

为全面分析黄土隧道在不同富水状态下的衬砌结构所受围岩压力大小及其分布状态,本次模型试验通过在隧道拱顶、左右侧拱肩、左右侧边墙、左右侧拱脚、仰拱等 8 个关键部位分别布设微型土压力计对其围岩压力进行监测。微型土压力计采用 DP-YT-200G 型土压力计,其测量范围为 0~1.0 MPa,分辨率≤0.05%F.S,绝缘电阻≥200 mΩ,其具体情况如图 5.5.4 所示。

图 5.5.4　微型土压力计

(2) 隧道衬砌弯矩及轴力。

隧道衬砌弯矩及轴力可采用在衬砌模型内外侧布设电阻式应变片的方式进行监测,其基本原理在于通过电阻式应变片测试内外侧的应变值,再根据隧道衬砌模型材料的物理力学参数及截面尺寸,计算出单位长度隧道衬砌截面所受的弯矩及轴力,其计算公式如下:

$$M = \frac{1}{12}E(\varepsilon_i - \varepsilon_e)bh^2 \tag{5.5.1}$$

$$N = \frac{1}{12}E(\varepsilon_i + \varepsilon_e)bh \tag{5.5.2}$$

本次模型试验电阻应变片的布设位置与围岩压力保持一致,采用 BX120-80AA-D 100 型电阻应变片,其电阻值为(120±0.1)Ω,灵敏系数为(2.0±1)%,接线方式为 1/4 桥线路,其具体情况如图 5.5.5 所示。读数仪采用 TDS-530 静态数据采集仪,其测量范围为 ±640000 με,最高分辨率为 0.1 με,其具体情况如图 5.5.6 所示。

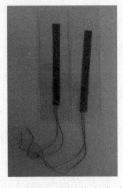 

图 5.5.5　电阻式应变片　　　图 5.5.6　TDS-530 静态数据采集仪

(3) 隧道衬砌整体变形。

为准确监测富水黄土隧道衬砌整体变形,本模型试验首先在模型箱 PVC 板外侧布设刻度网格作为参考坐标,并采用高清数码相机对试验过程中的隧道衬砌进行实时拍照,获取隧道衬砌整体变形的图像信息,最后采用 GetData Graph Digitizer 图像处理软件提取隧道衬砌位置信息,进而绘制出不同富水工况下隧道衬砌轮廓图,对比分析其整体变形情况。

5.6 模型试验工况方案

黄土地区大多分布着黄土塬梁峁地形,其沟壑纵横、支离破碎,且限于高速公路线形及其经济性要求,黄土隧道难免需穿越不良地质段。根据现有文献资料显示[63-65],在多数情况下,黄土隧道洞口段埋深仅有 5～15 m,属典型的浅埋偏压工况;同时,黄土隧道洞口段围岩多属第四系黄土,其土质疏松,垂直节理发育,易受地下水影响,导致黄土隧道支护结构应力分布极不均匀、力学特性极为复杂,严重影响黄土隧道安全性及耐久性。因此,本书将浅埋偏压黄土隧道作为模型试验研究的主要工况之一。随着交通量的不断增大,黄土地区高速公路大量涌现出单向三车道隧道,其开挖跨度达 16～18 m,断面面积高达 140～170 m^2,其施工难度较大,且其支护结构力学特性与普通两车道隧道有较大区别,因此本书将大断面黄土隧道作为主要研究工况之一,并与普通深埋两车道隧道工况进行对比分析。同时,由于富水黄土隧道服役性能劣化具有明显的时间效应,因此本模型试验方案中设置了地表水下渗、周边裂隙水入渗、地下水位上升的不同阶段,其一方面真实地模拟了黄土隧道不同的富水程度,另一方面客观地模拟了富水黄土隧道围岩受地下水影响的时间效应。总之,本模型试验主要研究考虑时间效应的深埋两车道、浅埋偏压、大断面 3 类黄土隧道受不同富水条件影响下的支护结构力学特性。

5.6.1 深埋两车道黄土隧道

深埋两车道作为黄土隧道最普遍、最基本的工况,其是黄土隧道洞身段的主要形式。深埋黄土隧道围岩通常为第四系上更新统风积物(Q_3^{eol})湿陷性黄土、第四系中更新统冲洪积物(Q_2^{al+pl}),其在未扰动状态下及施工初始阶段一般为干燥状态,围岩抗压强度较高,工程性质较好;但随着隧道开挖工作的不断推进,开挖卸荷作用越来越明显,裂隙水逐渐汇集至隧道衬砌背后,导致隧道围岩含水量逐渐增大,工程性质急剧衰减。随着隧道衬砌背后汇集水量的不断增大,地下水逐渐下渗至隧道基底部位,且隧道开挖改变了地下水原有渗流路径,导致地下水位逐渐上升,增大隧道基底围岩含水量,弱化隧道基底承载能力,最终影响黄土隧道整体受力特性。因此，深埋两车道黄土隧道富水工况主要考虑周边裂隙水汇集及地下水位上升两种情况。

在本模型试验中，周边裂隙水汇集分为 3 个阶段，考虑到隧道衬砌模型横向宽度为 33.9 cm，左右分别预留 2 倍隧道宽度，即为 67.8 cm，则周边裂隙水汇集 3 个阶段的汇水距离分别为 22.6 cm、45.2 cm、67.8 cm，相当于原型的 7.91 m、15.82 m、23.73 m；周边裂隙水汇集过程通过模型左右两侧预埋的 2 组（每组 3 根）独立的渗水管来实现。在地下水位上升方面，考虑到隧道模型下部预留高度为 55 cm，则地下水位上升的 3 个阶段的高度分别为 18 cm、36 cm、55 cm，相当于原型的 6.3 m、12.6 m、19.25 m；地下水位上升过程通过模型底部预埋的 2 根独立的渗水管来实现。深埋两车道黄土隧道富水工况模拟的具体情况如图 5.6.1 所示（考虑到本图为对称结构，图中仅显示左半部分），其具体参数见表 5.6.1。

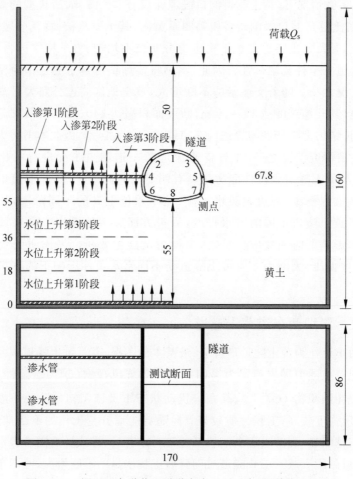

图 5.6.1　深埋两车道黄土隧道富水工况示意图（单位：cm）

表 5.6.1　深埋两车道黄土隧道富水工况具体参数

序　号	富水状态	渗透距离		测试项目
		模型/cm	原型/m	
EC1	周边裂隙水汇集第 1 阶段	22.60	7.91	
EC2	周边裂隙水汇集第 2 阶段	45.20	15.82	
EC3	周边裂隙水汇集第 3 阶段	67.80	23.73	围岩压力
EC4	地下水位上升第 1 阶段	18.00	6.30	弯矩及轴力
EC5	地下水位上升第 2 阶段	36.00	12.60	隧道整体变形
EC6	地下水位上升第 3 阶段	55.00	19.25	

5.6.2　浅埋偏压黄土隧道

黄土隧道洞口段通常处于浅埋偏压地形，其易引起隧道结构受力不均衡，影响隧道结构整体稳定性，导致隧道边仰坡失稳、支护结构大变形、开裂、渗漏水、底板隆起等病害，严重影响黄土隧道施工及运营期的安全性；而且，黄土隧道浅埋偏压段围岩通常为 Q_4 黄土，其结构疏松，大孔隙及虫洞发育，具有垂直节理，为地下水下渗提供了通道，具有较强的渗透性。在地表灌溉、强降雨、沟谷地形等因素的影响下，地表水极易下渗至浅埋偏压黄土隧道围岩中，进一步恶化围岩条件，加剧其受力不平衡状态。因此，浅埋偏压黄土隧道富水工况主要考虑地表水下渗的情况。

在本模型试验中，地表水下渗主要分为 3 个阶段，即上覆围岩富水、衬砌背后围岩富水、基底围岩富水。假定隧道埋深为 40 cm(相当于原型的 14 m)，地表水下渗的第 1 阶段即为隧道上覆围岩处于富水状态，增大了隧道结构所承受的围岩压力；随后，地表水逐渐下渗至隧道衬砌背后围岩，其逐渐呈富水状态，该过程为地表水下渗的第 2 阶段，其下渗距离为 28 cm(相当于原型的 9.8 m)；随着地表水的进一步下渗，隧道基底部位围岩含水量逐渐增大，该过程为地表水下渗的第 3 阶段，其下渗距离为 20 cm(相当于原型的 7.0 m)。浅埋偏压黄土隧道富水工况模拟的具体情况如图 5.6.2 所示(考虑到图中渗水管布设为对称结构，图中仅显示左半部分)，其具体参数见表 5.6.2。

表 5.6.2　浅埋偏压黄土隧道富水工况具体参数

序　号	富水状态	渗透距离		测试项目
		模型/cm	原型/m	
EC1	地表水下渗第 1 阶段	40.0	14.0	围岩压力
EC2	地表水下渗第 2 阶段	28.0	9.8	弯矩及轴力
EC3	地表水下渗第 3 阶段	20.0	7.0	隧道整体变形

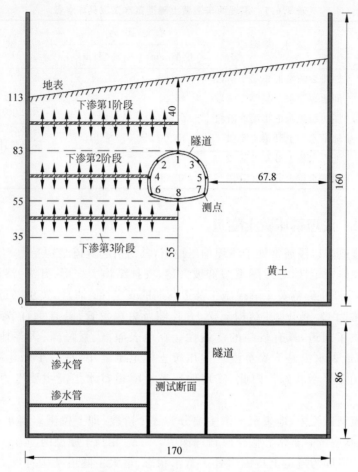

图 5.6.2 浅埋偏压黄土隧道富水工况示意图(单位：cm)

5.6.3 大断面黄土隧道

大断面黄土隧道具有开挖跨度大、临空面大、工序复杂、施工时间长、变形量大等特点,导致其在施工及运营过程中面临极大的技术挑战。同深埋两车道黄土隧道相比,大断面黄土隧道在施工过程中的开挖卸荷作用更加明显,导致周边裂隙水在压力差作用下逐步向隧道衬砌背后围岩渗透而来,导致隧道衬砌背后围岩含水量剧增,工程性质急剧劣化；而且,由于大断面黄土隧道开挖量大,其对原有地下水渗流场的影响更加明显,导致地下水位的变化幅度更大。因此,同深埋两车道隧道一样,大断面黄土隧道富水工况主要考虑周边裂隙水汇集及地下水位上升两种情况。

在本模型试验中,周边裂隙水汇集分为 3 个阶段,考虑到隧道衬砌模型横向宽度为 46.7 cm,左右分别预留宽度为 60.5 cm,则周边裂隙水汇集 3 个阶段的渗透距离分别为 20.0 cm、20.0 cm、20.5 cm,相当于原型的 7.0 m、7.0 m、7.2 m；地下水位上升3阶段及渗水管布设方式同深埋两车道黄土隧道,此处不再赘述。大断面黄土隧道富水工况模拟的具体情况如图5.6.3所示(考虑到本图为对称结构,图中仅显示左半部分),其具体参数见表5.6.3。

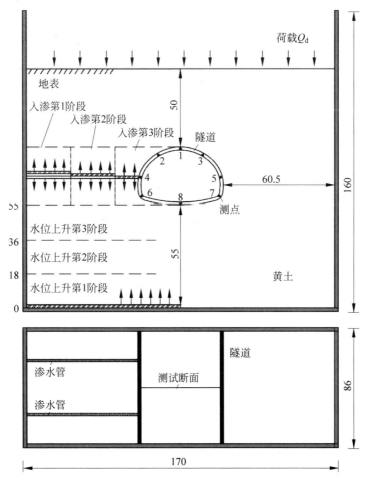

图5.6.3 大断面黄土隧道富水工况示意图(单位:cm)

表5.6.3 大断面黄土隧道富水工况具体参数

序 号	富水状态	渗透距离		测试项目
		模型/cm	原型/m	
EC1	周边裂隙水汇集第1阶段	20.0	7.0	
EC2	周边裂隙水汇集第2阶段	20.0	7.0	
EC3	周边裂隙水汇集第3阶段	20.5	7.2	围岩压力
EC4	地下水位上升第1阶段	18.00	6.30	弯矩及轴力
EC5	地下水位上升第2阶段	36.00	12.60	隧道整体变形
EC6	地下水位上升第3阶段	55.00	19.25	

5.6.4 试验具体步骤

在上述隧道模型箱制作、隧道衬砌模型浇筑、隧道围岩相似材料配制、渗水系统制作等前期准备工作完成的基础上,本模型试验的具体操作共有6个步骤。

(1) 贴应变片:先在隧道衬砌模型内外侧确定出应变片的粘贴位置,用细砂纸将其表面打磨平整,并用脱脂棉蘸无水乙醇将隧道衬砌模型表面及应变片粘贴面擦拭干净;用502胶水将应变片粘贴在隧道衬砌模型表面,并在应变片表面覆盖一层塑料薄膜,沿同一方向多次按压,将其内部的气泡排出,保证应变片粘贴均匀且牢固,其具体情况如图5.6.4(a)所示。

(2) 布设土压力计:微型土压力计的布设位置与应变片粘贴位置相对应,先用铅笔在隧道衬砌模型表面标注出布设位置;由于该土压力计采用双膜结构,在安装过程中应将受力面(承压膜)一侧朝向围岩,并在土压力计背后用围岩相似材料填充密实,保证土压力盒与衬砌结构、围岩接触紧密;为保证填土过程中土压力计位置保持不变,可用胶带将土压力计固定在隧道衬砌模型表面,其具体情况如图5.6.4(b)所示。

(3) 画刻度线:用水彩笔在隧道模型箱正面的PVC板外侧画出刻度线,其间距为5 cm×5 cm;在画线过程中,应尽量保持粗细均匀,同时横线以隧道起拱线为基准,竖线以隧道中线为基准,以便于隧道整体变形测试结果的提取,并提高其测试的准确性,其具体情况如图5.6.4(c)所示。

(4) 围岩相似材料填筑及夯实:将配制好的围岩相似材料填筑到模型箱内,每层填筑高度不宜超过10 cm,并用橡胶锤均匀夯实,其夯实后的高度应严格控制,使其夯实后的密实度与原状黄土隧道围岩保持一致;在每层围岩相似材料夯实完成后,应静置2 h,待填筑高度稳定后,方可进行下一层的填筑及夯实工作,其具体情况如图5.6.4(d)所示。

(5) 预埋隧道模型及渗水管:在隧道模型基底围岩填筑完成后,将隧道衬砌模型放置到预设的位置处,继续填筑围岩相似材料;在隧道衬砌模型周边不规则空间处,应手工小心填筑,保证隧道衬砌模型与围岩紧密接触,尤其要保证土压力计与隧道衬砌模型、围岩之间的紧密接触,其具体情况如图5.6.4(e)所示。当围岩填筑至渗水管布设位置时,应夯实后静置2 h,保证填筑高度稳定后方可布设渗水管,从而保证渗水管位置的准确性,其具体情况如图5.6.4(f)所示。

(6) 模型试验系统调试:将应变片、土压力计的引线引出后,连接至TDS-530静态数据采集仪,并用USB线将采集仪连接至计算机,通过软件操作实现数据的自动采集;检查各个测点的读数是否有效,在其稳定后记录初始值并开始加载;在隧道模型箱正面架设高清数码相机,对隧道衬砌模型整体变形进行实时记录,其具体情况如图5.6.4(g)所示。

除上述操作外,在本模型试验过程中还需注意以下事项。①由于隧道模型材

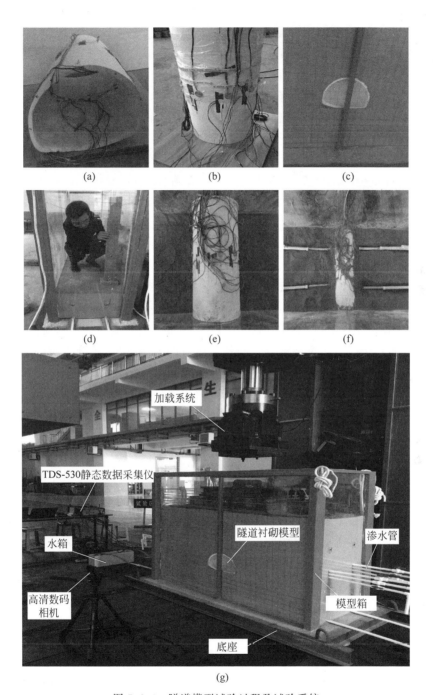

图 5.6.4 隧道模型试验过程及试验系统

(a) 衬砌模型上贴应变片;(b) 布设微型土压力计;(c) 模型箱外侧画刻度线;
(d) 分层填土并夯实;(e) 预埋隧道模型;(f) 布设渗水管;(g) 隧道模型试验系统调试

料选用石膏材质加工而成,在试验过程中隧道衬砌模型需用环氧树脂薄层封闭,避免水分浸透后其强度迅速降低而无法模拟隧道衬砌在实际工程中的力学状态。②为满足深埋两车道、浅埋偏压、大断面三种情况下的不同渗水工况,隧道模型箱左右两侧PVC板不同位置处预留有多个渗水孔,在单个工况下暂时不用的渗水管孔需用防水堵头进行堵塞,避免在压力作用下地下水流出,影响富水状态的模拟效果。③加载过程中应保证模型箱位置不偏移,且保证试验场地基底牢固,避免其对隧道整体变形监测结果的影响。④渗水过程中应严格控制渗水量、流速及注水压力,在模型试验开展前应反复试验,调整参数,保证富水状态的模拟效果。⑤传感器引线引出时应在隧道衬砌模型周边预留一定长度,并用胶带将引线固定在模型箱内壁上,避免其在填筑过程中引线偏移;同时用胶带在各组引线上粘贴编号,避免混淆。

5.7 模型试验结果分析

本模型试验利用电阻应变片、微型土压力计、TDS-530静态数据采集仪、高清数码相机等设备对不同富水工况下深埋两车道、浅埋偏压、大断面黄土隧道的衬砌内外侧应变值、围岩压力、整体变形等进行全面而系统的监测。在试验过程中,通过设定数据采集仪的相关参数以控制各监测值的采集频率,结合本试验的实际情况,同时为便于试验结果与第4章中室内试验结果进行参照,其采集频率采用1次/90 min,整个试验周期为15 d,数据采集次数总计240次。通过对试验监测数据的整理分析,研究不同富水状况下隧道衬砌弯矩、轴力、围岩压力、整体变形等方面的分布特性及演化规律。

5.7.1 深埋两车道黄土隧道试验结果分析

(1) 围岩压力监测结果分析。

深埋两车道黄土隧道在周边裂隙水入渗及地下水位上升影响下的围岩压力监测结果如图5.7.1所示。由图中可以看出,各测点围岩压力值受裂隙水及地下水影响较为明显,且均表现出先增大后减小的变化规律。在周边裂隙水入渗过程中,各测点围岩压力值持续增加,尤其是在入渗第3阶段,各测点围岩压力值增幅最为显著,其中测点1处压力值增幅达82.16%。此原因在于周边裂隙水入渗破坏了黄土原有结构性,降低了黄土围岩强度,围岩压力逐渐由变形压力转为松散压力,作用在支护结构上的压力剧增;同时,也可说明,周边裂隙水入渗距离隧道衬砌越近,其围岩压力增大幅度越大,其威胁也就越大,因此在富水黄土隧道施工过程中可采用围岩注浆方法将裂隙水控制在离衬砌较远位置。测点6、7处压力值均较大,其最大值分别为257.43 kPa、260.86 kPa,较初始状态下压力值增幅达109.1%、110.4%,可见左右两侧拱脚部位在裂隙水入渗影响下应力集中现象更加明显,在施工过程中应采用锁脚锚杆(管)对该部位进行重点加固。在地下水位上升过程中,各测点压力值小幅降低,其主要原因在于地下水上升降低了隧道基底围岩强度,且其产生了湿陷变形,导致隧道衬砌产生整体竖向位移,减弱了衬砌结构与围岩的相互作用关系。其中,测点 7 的压力值减小趋势最为显著,其由 237.71 kPa 最终减小为 147.14 kPa,减小幅度达 38.0%,可见仰拱处受地下水位上升的影响程度最大,且地下水位上升增大了仰拱与左右两侧拱脚处压力值的差值,导致隧道基底部位受力极不均衡,对隧道整体稳定性产生较大威胁。

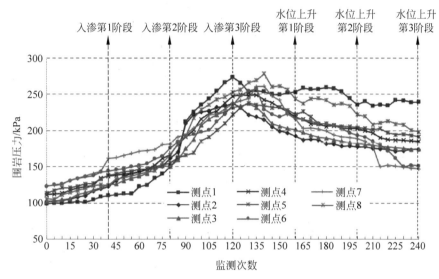

图 5.7.1　深埋两车道隧道围岩压力变化曲线

（请扫Ⅱ页二维码看彩图）

根据第 4 章中关于不同浸水条件下黄土抗剪强度的试验结果可知,测点 1 和测点 8 处最大压力值达到并超过了黄土在正应力 400 kPa 作用下的最小峰值抗剪强度 267 kPa,可判断拱顶及仰拱处围岩已产生劣化。根据对本模型试验中围岩状况的观察结果,可以看出在隧道拱顶及仰拱处均产生了"八字形"的裂缝,说明该处围岩已产生整体剪切性破坏,围岩劣化程度较高,对隧道整体稳定性极为不利,其具体情况如图 5.7.2 所示。

（2）弯矩及轴力监测结果分析。

深埋两车道富水黄土隧道衬砌各测点的弯矩值及轴力值变化情况分别如图 5.7.3、图 5.7.4 所示。从图 5.7.3 中可以看出,在周边裂隙水入渗过程中,各监测点的弯矩值普遍增大,其中测点 2、3 的弯矩值增加幅度明显大于其他测点,尤其在周边裂隙水入渗第 3 阶段,其增加幅度分别达到 42.9%、23.8%,其最大弯矩值分别达到 22.3 kN·m、20.8 kN·m。在地下水位上升过程中,测点 2、3 的弯矩值小幅增加,而其余测点均大幅降低,尤其是测点 8 的弯矩值在水位上升第 2 阶段急剧下降,并在水位上升第 3 阶段出现负弯矩,其弯矩正负差值达 16.1 kN·m;此主要原因在于隧道基底围岩在地下水影响下强度大幅下降,并产生湿陷变形,使得

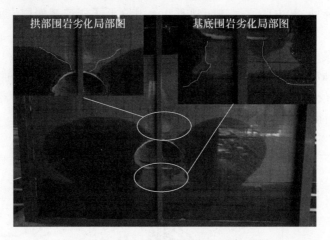

图 5.7.2　深埋两车道隧道围岩劣化情况

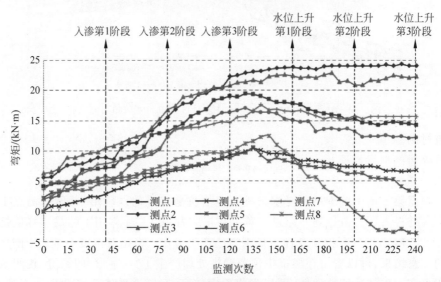

图 5.7.3　深埋两车道隧道衬砌的弯矩变化曲线

（请扫Ⅱ页二维码看彩图）

隧道衬砌仰拱部位与围岩相互作用减弱,而隧道衬砌两侧边墙、拱脚部位在裂隙水入渗影响下受力较大,在此情况下仰拱受力呈"扁担状",使得仰拱中间部位正弯矩逐渐减小并出现负弯矩。从图 5.7.4 中可以看出,深埋两车道黄土隧道衬砌所受的轴力均为压应力,其在周边裂隙水入渗过程中,各测点的轴力值普遍增大,尤其是测点 6、7、8 的增加幅度较大,其中测点 7 的轴力值在入渗第 3 阶段由 -19.9 kN 增加至 -26.7 kN,增幅达 34.2%。在地下水上升过程中,测点 4、5 的轴力值逐渐减小,而其余测点的轴力值持续增加,其中测点 6 的轴力值在水位上升整个过程中由 -25.9 kN 增加至 -34.5 kN,增幅达 33.2%。从最终轴力分布状态可以看出,

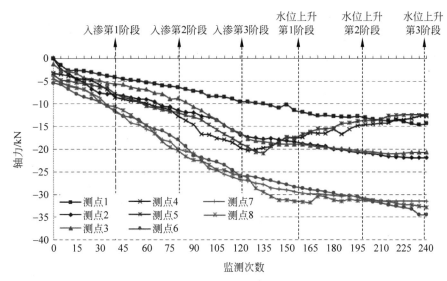

图 5.7.4 深埋两车道隧道衬砌的轴力变化曲线

(请扫Ⅱ页二维码看彩图)

裂隙水入渗及地下水位上升导致隧道衬砌应力的重新分布,轴力分布极不均衡,对隧道整体稳定性不利。

本模型试验中隧道衬砌劣化的具体情况如图 5.7.5 所示,从图中可以看出,隧道衬砌拱顶明显开裂,随着地下水的进一步作用,该裂缝逐渐贯通,并伴随有拱顶碎屑的掉落。此原因主要在于周边裂隙水入渗使得隧道衬砌边墙部位承受的压力增大,使得隧道衬砌结构承受"挤压变形",导致两侧拱肩部位弯矩急剧增大。同时,根据第 3 章中富水黄土隧道衬砌裂缝力学模型可知,随着隧道衬砌拱部

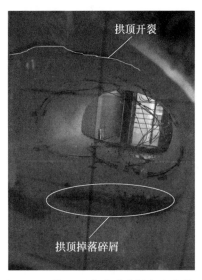

图 5.7.5 深埋两车道隧道衬砌劣化情况

裂缝宽度 w 及深度 d 的不断增大,剪力承载面积 A'_s 不断减小,使得衬砌拱部剪应力剧增,影响隧道衬砌整体弯矩及轴力的分布,导致隧道衬砌性能的严重劣化。

(3) 衬砌整体变形监测结果分析。

深埋两车道隧道衬砌整体变形情况如图 5.7.6 所示。图中初始状态是为遂道衬砌未受地下水影响时的状态,通过对比分析不同富水工况下各测点的位移值可以看出,隧道整体变形呈对称状态,在周边裂隙水入渗及地下水位上升过程中,隧道衬砌最大位移值产生在测点 1 处,即拱顶部位产生的向上位移,其最大值为 6.42 mm。测点 4、5 处均产生向内的位移,其最大位移值为 4.08 mm;测点 2、3 处产生向外的位移,最大位移值为 2.22 mm,可见隧道左右两侧拱肩部位产生剪切变形,这与黄土隧道现场调研过程中发现的隧道衬砌拱肩部位存在较多纵向裂缝的情况极为吻合。对于测点 8 而言,其在周边裂隙水入渗过程中产生向下的位移,其最大位移值达到 3.09 mm,而在地下水上升过程中,其位移值逐渐减小,并呈现出向上位移的趋势,即隧道产生了基底隆起的病害。此原因主要在于当地下水位上升后,隧道基底部位围岩强度迅速下降,基底承载力不足,而拱脚处应力持续增加,导致仰拱部位应力分布极不均衡,进而产生基底隆起。

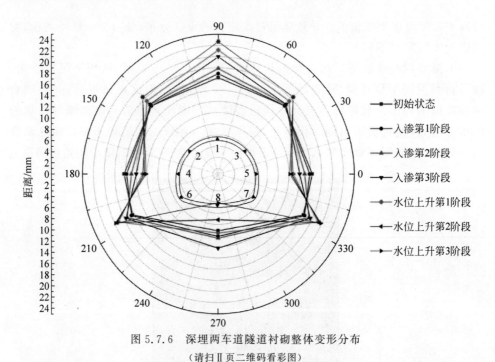

图 5.7.6 深埋两车道隧道衬砌整体变形分布

(请扫Ⅱ页二维码看彩图)

5.7.2 浅埋偏压黄土隧道试验结果分析

(1) 围岩压力监测结果分析。

浅埋偏压黄土隧道在地表水下渗影响下的围岩压力监测结果如图 5.7.7 所

示。由图中可以看出,在地表水下渗第 1 阶段及第 2 阶段,各测点围岩压力值普遍增大,其中测点 3 处围岩压力值在地表水下渗第 2 阶段由 191.50 kPa 增加至 268.90 kPa,增幅达 40.4%。此原因主要在于受地下水下渗影响,黄土结构性遭受严重破坏,围岩"拱效应"减弱,导致软弱状态下黄土隧道围岩荷载急剧增大。在地表水入渗第 3 阶段,测点 1、2、3、5 处围岩压力值持续增大,而测点 4、6、7、8 处围岩压力值大幅度减小,其中测点 8 处围岩压力值由 24.16 kPa 减小至 14.20 kPa,减小幅度达 41.2%,可见地表水下渗第 3 阶段对隧道拱脚及仰拱处的围岩压力影响较大,其主要原因在于随着地表水的不断下渗,隧道衬砌背后汇集的地下水逐步渗入隧道基底围岩,导致基底围岩含水量达到饱和状态,并产生泥化现象,使得隧道支护结构与围岩相互作用减弱。同时,可以看出测点 3、5、7 处的围岩压力值明显大于测点 2、4、6 处的围岩压力值,隧道衬砌结构有整体扭转、倾覆的趋势,其主要原因在于地表水下渗使得浅埋偏压黄土隧道上覆围岩压力增大,进而加剧了其偏压效应,使得靠山侧隧道结构的围岩压力明显大于背山侧的围岩压力,隧道衬砌结构整体受力不均衡,对其整体稳定性及安全性产生极大的威胁。

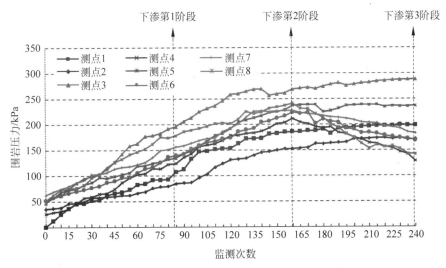

图 5.7.7　浅埋偏压黄土隧道围岩压力变化曲线

(请扫Ⅱ页二维码看彩图)

根据第 4 章中关于不同浸水条件下黄土抗剪强度的试验结果可知,测点 3 处围岩压力值在地下水下渗第 2 阶段即达到了黄土在正应力 400 kPa 作用下的最小峰值抗剪强度 267 kPa,可判断测点 3 处对应位置的围岩已产生劣化。根据本模型试验中围岩状况可以看出,隧道右拱肩部位围岩产生明显的劣化,其在应力作用下产生剪切破坏,极大地破坏了围岩的整体稳定性,其具体情况如图 5.7.8 所示。

(2) 弯矩及轴力监测结果分析。

浅埋偏压黄土隧道在地表水下渗影响下的衬砌弯矩及轴力变化曲线分别如

图 5.7.8　浅埋偏压黄土隧道围岩劣化情况

图 5.7.9、图 5.7.10 所示。从图 5.7.9 中可以看出,在地表水下渗第 1 阶段,测点 1 处的弯矩值增加至 16.3 kN·m,其增幅最大,可见地表水下渗使得隧道上覆黄土体含水量增大,且在浅埋偏压地形条件下隧道衬砌左右拱肩部位受力不均衡,使得拱顶处弯矩值急剧增大。在整个下渗过程中,测点 3 处的弯矩值最大,达 23.2 kN·m,而测点 2 处的弯矩最大值仅为 16.2 kN·m,较测点 3 处的弯矩最大值减小 42.8%;且测点 3、5、7 处的弯矩绝对值均大于测点 2、4、6 处的弯矩值,此原因主要在于浅埋偏压黄土隧道靠山侧压力明显大于背山侧压力,导致靠山侧衬砌承受较大弯矩值,随着地表水的不断下渗,该偏压现象明显增大。测点 6、7、8 处呈负弯矩值,其中测点 7 处的负弯矩绝对值最大,可见隧道右侧拱脚处承受较大的弯矩值,且随着地表水的不断下渗,隧道仰拱部位呈现基底隆起现象,隧道衬砌整体弯矩值分布更趋于不均衡化。从图 5.7.10 中可以看出,在整个监测过程中,测点 3 处的轴力值较大,其最大值达 −23.5 kN,且测点 3、5、7 处的轴力值普遍大于测点 2、4、6 处的轴力值,可见浅埋偏压隧道在地表水下渗影响下靠山侧轴力值明显大于背山侧,其轴力分布不均衡;同时,测点 6、7 处在地表水下渗第 2 阶段均出现轴力值骤增现象,此原因在于当地表水下渗至衬砌背后时,在重力作用下逐步汇集至拱脚部位,导致拱脚处围岩的泥化现象,隧道与围岩相互作用减弱,进而导致拱脚部位的应力集中现象。测点 8 处的轴力值在地表水下渗第 3 阶段前由 −20.7 kN 降为 −17.2 kN,产生小幅下降,此原因在于隧道基底围岩在地下水影响下产生湿陷变形,隧道整体下沉,拱顶部位应力得到部分释放。与深埋两车道黄土隧道的弯矩及轴力监测结果相比,浅埋偏压黄土隧道衬砌的弯矩相对较大,轴力分布更加不均衡。可见,地表水下渗对浅埋偏压黄土隧道的危害更大,在其施工及运营过程中,应及时采取地表截水、地表排水、布设隔水层等方法减小或避免地表水的下渗。

浅埋偏压黄土隧道衬砌劣化情况如图 5.7.11 所示,从图中可以看出,隧道衬

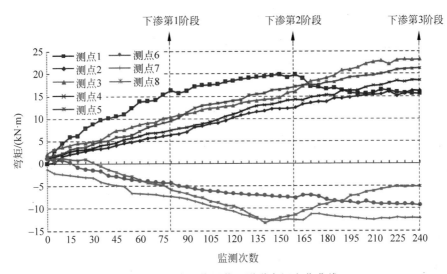

图 5.7.9　浅埋偏压黄土隧道弯矩变化曲线

（请扫Ⅱ页二维码看彩图）

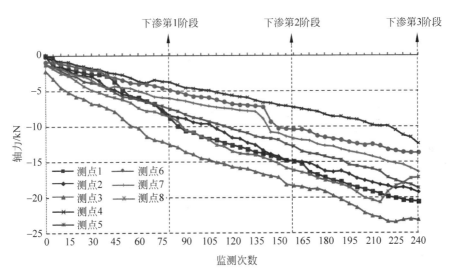

图 5.7.10　浅埋偏压黄土隧道轴力变化曲线

（请扫Ⅱ页二维码看彩图）

砌右拱肩、左拱肩及仰拱中心部位沿轴线方向均出现裂缝,隧道衬砌产生整体性破坏,其结构性能劣化严重。结合第 3 章中关于浅埋偏压黄土隧道围岩富水体对衬砌结构附加应力的计算结果可知,在地表水下渗初期,富水体对隧道拱部结构荷载影响较大,导致右拱肩部位裂缝的产生;而随着地表水的持续下渗,富水体厚度不断增大,隧道衬砌边墙部位附加荷载不断增大,导致隧道衬砌整体受力不均衡,左侧拱脚、仰拱中心产生裂缝,衬砌结构服役性能严重劣化。

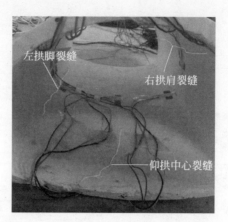

图 5.7.11 浅埋偏压黄土隧道衬砌劣化情况

(3) 衬砌整体变形监测结果分析。

浅埋偏压黄土隧道受地表水下渗影响下的衬砌整体变形情况如图 5.7.12 所示。从图中可以看出,测点 1、3、5 处产生向内的位移,其中测点 1 处的变形量最大,其值达 4.89 mm,即隧道拱顶处产生较大的下沉量;其次变形量较大者为测点 3 处,其值为 4.51 mm;而测点 2、4、6 处均产生向外的位移,其最大值产生在测点 4 处,其值为 3.06 mm。可见在地表水下渗影响下隧道衬砌结构承受不均衡的荷载,导致靠山侧衬砌产生"向内凹陷"的趋势,而背山侧衬砌产生"向外鼓起"的趋

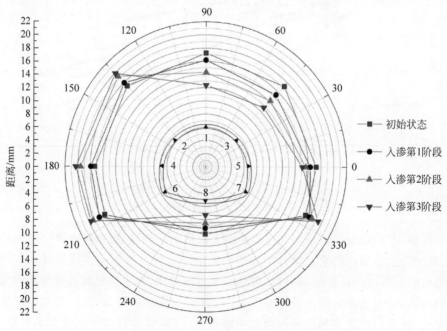

图 5.7.12 浅埋偏压黄土隧道衬砌整体变形分布
(请扫Ⅱ页二维码看彩图)

势,隧道衬砌整体产生扭转趋势,对隧道整体稳定性产生极大的威胁。同时,测点8处产生向上的位移,即隧道产生基底隆起现象;而测点5处产生向内的位移,在此情况下测点7处承受剪切变形,导致隧道靠山侧拱脚部位极易产生纵向裂缝、错台,甚至碎裂等病害。与深埋两车道黄土隧道相比,浅埋偏压黄土隧道整体的变形量较大,且变形分布极不均衡,因此在浅埋偏压黄土隧道施工过程中,应及时采取注浆加固、增设锁脚锚管等措施严格控制拱肩、拱脚部位的变形,避免产生隧道支护结构大变形及整体破坏。

5.7.3 大断面黄土隧道试验结果分析

(1) 围岩压力监测结果分析。

大断面黄土隧道受周边裂隙水入渗及地下水位上升影响下的围岩压力变化情况如图 5.7.13 所示。从图中可以看出,测点 2、4 处围岩压力值普遍较大,其中测点 2 处围岩压力最大值达 277.80 kPa,为整个试验过程中围岩压力的最大值,且其周边裂隙水入渗第 3 阶段围岩压力值由 95.60 kPa 增至 184.22 kPa,增幅达92.7%;其次,与深埋两车道黄土隧道围岩压力值相比,大断面黄土隧道围岩的压力值普遍较大,其主要原因在于大断面黄土隧道开挖卸荷作用影响范围大,且在地下水影响下其围岩劣化程度高,围岩塑性区分布范围大,使得隧道结构承受更大的松散围岩压力,在此情况下应进一步提高大断面黄土隧道支护结构整体强度,以承担在地下水影响下产生的附加松散围岩压力。测点 8 处围岩压力在地下水位上升第 3 阶段由 221.33 kPa 减小为 117.68 kPa,减小幅度达 46.8%,其原因主要在于地下水位上升导致隧道基底围岩含水量骤增,且衬砌背后积水在重力作用下汇集至隧道基

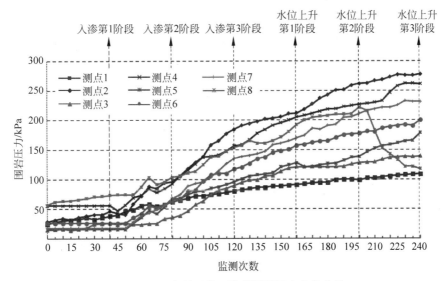

图 5.7.13 大断面黄土隧道围岩压力变化曲线
(请扫Ⅱ页二维码看彩图)

底处,使得仰拱与围岩的相互作用关系衰减。总之,大断面黄土隧道围岩压力受地下水影响后产生重分布,相对于两车道黄土隧道而言其整体受力情况更加不利。

同样,根据第 4 章中关于不同浸水条件下黄土抗剪强度的试验结果可知,测点 2、4 处的围岩压力值超过了黄土在正应力 400 kPa 作用下的最小峰值抗剪强度 267 kPa,可判断测点 2、4 处对应位置的围岩已产生劣化。根据本模型试验中围岩状况可以看出,隧道左拱肩、左边墙部位围岩沿隧道衬砌结构产生滑动变形,围岩承载力严重下降,影响围岩与支护结构的相互作用关系,严重威胁隧道服役性能,其具体情况如图 5.7.14 所示。

图 5.7.14 大断面黄土隧道围岩劣化情况

(2) 弯矩及轴力监测结果分析。

大断面黄土隧道受周边裂隙水入渗及地下水位上升影响下的弯矩变化情况如图 5.7.15 所示。从图中可以看出,在周边裂隙水及地下水的影响下隧道衬砌各测点的弯矩值均呈增加状态。测点 1、4、5 处呈正弯矩状态,其最大值产生在测点 1 处,其值达到 32.1 kN·m;而测点 2、3、6、7 处呈负弯矩状态,其最大值产生在测点 3 处,其值达−13.0 kN·m;可见,大断面黄土隧道拱顶部位承受较大正弯矩,而两侧拱肩部位承受较大负弯矩,即在拱顶到两侧拱肩的过渡区存在正负弯矩的交界面,该处承受剪切应力,极易产生衬砌开裂现象。同时,上述测点的弯矩值在周边裂隙水入渗第 3 阶段均大幅增加,尤其是测点 1 处的弯矩值由 13.2 kN·m 增至 22.7 kN·m,其增幅达到 72.0%;此原因主要在于周边裂隙水入渗导致隧道衬砌边墙部位承受的水平压力增大,其增大趋势在入渗第 3 阶段最为显著,随着水平应力的不断增大,大断面黄土隧道拱顶承受挤压变形,其弯矩随之大幅增加。在地下水位上升阶段,测点 8 处的弯矩值由 7.4 kN·m 最终变为−4.3 kN·m,可见大断面黄土隧道仰拱部位在地下水影响下存在正负弯矩的转换过程,其对隧道基底部位稳定性极为不利。与深埋两车道隧道受力状态相比,在相同情况下,大断面黄土隧道衬砌承受较大的弯矩值,其正弯矩最大值为 32.1 kN·m,较深埋两车道隧道衬砌的弯矩最大值 24.1 kN·m 增加幅度达 33.2%,且大断面黄土隧道弯矩值分布更为不均衡,对其整体稳定性产生不利影响。从图 5.7.16 中可以看出,大断面黄土隧道衬砌各测点轴力均为压应力,且在周边裂隙水入渗及地下水位上升影响下,轴力值按拱顶、拱肩、边墙、拱脚及仰拱的顺序而逐渐增大。测点 6、7 处的轴力值在入渗第 3 阶段均产生显著增加,尤其是测点 7 处在该阶段由 -12.3 kN 增加至 -24.8 kN,增加幅度达 101.6%;可见,大断面黄土隧道在周边裂隙水影响下其衬砌拱脚部位应力集中效应更加显著,其对隧道衬砌强度要求较高。

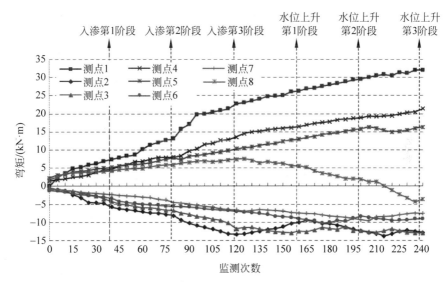

图 5.7.15　大断面黄土隧道衬砌弯矩变化曲线

(请扫Ⅱ页二维码看彩图)

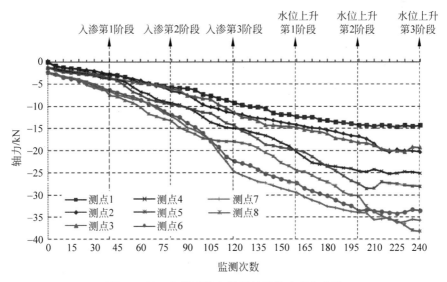

图 5.7.16　大断面黄土隧道衬砌轴力变化曲线

(请扫Ⅱ页二维码看彩图)

与深埋两车道隧道轴力相比,在同等情况下,大断面黄土隧道衬砌结构底部(包括两侧拱脚、仰拱)承受了更大的弯矩及轴力,导致隧道衬砌两侧拱脚处裂缝的产生,其具体情况如图5.7.17所示。而且,根据第3章中关于隧道衬砌裂缝对结构荷载的分析结果可知,拱脚裂缝的产生进一步影响了衬砌结构剪应力的分布,加剧了应力的不平衡分布。因此,大断面黄土隧道应增强仰拱强度,加固隧道基底围岩,提高隧道服役性能。

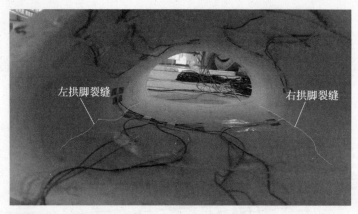

图 5.7.17　大断面黄土隧道衬砌劣化情况

(3) 衬砌整体变形监测结果分析。

大断面黄土隧道受周边裂隙水入渗及地下水位上升影响下的衬砌整体变形情况如图5.7.18所示。从图中可以看出,隧道衬砌测点1处产生了较大的位移值,

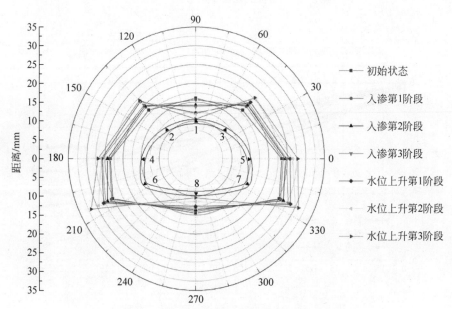

图 5.7.18　大断面黄土隧道衬砌整体变形分布
(请扫Ⅱ页二维码看彩图)

其最大值达 5.6 mm,即拱顶产生了较大的下沉变形;同时,测点 2、3 处产生向外的位移,其值分别为 3.7 mm、4.7 mm,可见隧道左右两侧拱肩部位产生剪切变形,该情况同大断面黄土隧道弯矩及轴力分析情况极为吻合,也进一步解释了现场调研过程中发现大断面黄土隧道拱肩部位易出现纵向裂缝的原因。在整个试验过程中,最大位移值产生在测点 6 处,其值达到 6.6 mm,且测点 7 处位移值也较大,为 5.7 mm;可见,大断面黄土隧道在地下水影响下拱脚处应力集中现象更加明显,其围岩产生了更大的塑性变形,对隧道整体稳定性产生极为不利的影响。测点 8 处也产生了明显的向上位移,其最大位移值为 4.1 mm,即隧道仰拱产生了明显的底板隆起现象;结合隧道拱顶变形情况可明显看出,大断面黄土隧道在地下水影响下更趋于"扁平化",其整体受力更加不均衡。因此,在大断面黄土隧道施工中可增设临时仰拱,改善其受力状态,并对拱脚及仰拱部位围岩进行注浆加固,为隧道结构提供充足的支撑作用。

5.7.4　富水黄土隧道服役性能劣化控制标准

富水黄土隧道服役性能劣化控制工作的重点在于对地下水的控制,即通过采取一定的工程措施,减小甚至避免地下水对隧道围岩及结构产生不利影响,保持隧道基本服役性能。当黄土隧道受地下水影响程度严重时,若采取工程措施对富水地层进行全面处治可能会造成极大的资源浪费、延长工期及降低经济效益;而若采取工程措施处治不到位时,易造成隧道服役性能劣化处治效果不佳、病害反复发作、处治成本较高。在此情况下,制定准确的控制标准对于提高富水黄土隧道服役性能处治的科学性、高效性具有非常重要的意义。因此,本小节主要分析富水黄土隧道服役性能劣化的控制标准,重点在控制范围及控制位置给出合理建议。

以深埋两车道富水黄土隧道为例,结合上述物理模型试验结果可以看出,当周边裂隙水入渗时,各测点的围岩压力在监测 100~120 次时的增幅最大,占整个周期内压力增加值的 20% 左右,因此在该阶段采取工程措施对周边裂隙水进行控制,将取得较好的处治效果;在该阶段,周边裂隙水由距离模型箱边框 56.50 cm 处入渗至 67.80 cm 处,相应原型则由 19.78 m 处入渗至 23.73 m 处,即为隧道周边 4 m 范围内。因此,建议采用围岩注浆方式处治周边裂隙水入渗时的控制范围为 4 m。在周边裂隙水入渗过程中,隧道左右两侧拱脚部位围岩压力值增幅达 53.1%~53.9%,导致拱脚处应力集中现象明显;同时,根据隧道结构弯矩值监测结果可知,两侧拱脚弯矩值增幅明显大于其他部位,其增幅分别达 42.9%、23.8%,进一步说明了在地下水影响下隧道拱脚处受力较大,其服役性能受到严重威胁。而在隧道仰拱部位,受地下水位上升的影响,其围岩压力值减小幅度达 32.3%,增大了仰拱与左右两侧拱脚处压力值的差值,导致隧道基底部位受力极不均衡,且根据弯矩值监测结果,仰拱中间部位正弯矩逐渐减小并出现负弯矩,仰拱受力呈"扁担状";而且根据隧道结构位移监测结果,仰拱在周边裂隙水入渗过程中产生向下的位移,其最大位移值达到 3.09 mm,而在地下水上升过程中,其位移值逐渐减小,并呈现出向上位移的趋势,即隧道产生了基底隆起的病害。总之,深埋两车道富水黄土隧道在服役性能劣化处治时应首先对其周边 4 m 范围内的围岩进行注浆加固,并对隧道拱脚、仰拱部位结构进行重点加固,但其采用的围岩注浆和结构加固的具体技术及其处治效果还需进一步深入研究。

5.8 本章小结

本章从富水黄土隧道结构与围岩相互作用角度出发,以相似理论为基础,针对深埋两车道、浅埋偏压、大断面黄土隧道,利用物理模型试验模拟分析其受地表水下渗、周边裂隙水入渗、地下水位上升等因素的影响,通过监测其围岩压力、弯矩、轴力、整体变形等情况,结合第 3、4 章中关于黄土隧道结构及围岩劣化特性的研究结果,全面分析富水黄土隧道服役性能劣化机理,其主要研究成果如下所述。

(1) 利用混凝土底座、空心方钢、有机玻璃板、渗水管、阀门、反力梁、加载系统、加载板等构成隧道模型试验系统,并利用 DP-YT-200G 型土压力计、BX120-80AA-D100 型电阻应变片、TDS-530 静态数据采集仪、高清数码相机等构成监测系统,可对不同富水工况下黄土隧道围岩压力、结构弯矩、轴力及整体变形等进行全面研究。

(2) 深埋两车道黄土隧道围岩压力受裂隙水及地下水影响较为明显,且均表现出先增大后减小的变化规律;拱顶及仰拱处围岩压力值较大,该处围岩产生"八字形"的裂缝,其劣化程度较高;衬砌左右拱肩部位弯矩值较大,其最大值分别达到 22.3 kN·m、20.8 kN·m,轴力均为压应力,其最终分布极不均衡,导致隧道拱顶裂缝的产生,影响隧道结构服役性能。

(3) 浅埋偏压黄土隧道围岩压力在地表水下渗影响下普遍增大,靠山侧压力明显大于背山侧压力,衬砌结构有整体扭转、倾覆的趋势,右侧拱肩部位围岩明显劣化,产生剪切破坏;衬砌右拱肩处弯矩值最大,达 23.2 kN·m,而左拱肩弯矩最大值仅为 16.2 kN·m,右拱肩、左拱肩及仰拱中心部位沿轴线方向均出现裂缝,隧道衬砌产生整体性破坏,靠山侧衬砌产生"向内凹陷"的趋势,而背山侧衬砌产生"向外鼓起"的趋势,其衬砌结构性能劣化严重。

(4) 大断面黄土隧道围岩压力普遍较大,在地下水影响下其衬砌结构承受更大的松散压力,左拱肩、左边墙部位围岩产生明显劣化;隧道衬砌结构底部(包括两侧拱脚、仰拱)承受了更大的弯矩及轴力,导致隧道衬砌两侧拱脚处裂缝的产生,而拱脚裂缝的产生进一步影响了衬砌结构剪应力的分布,加剧了应力的不平衡分布;在整体变形方面,大断面黄土隧道在地下水影响下更趋于"扁平化",其整体受力更加不均衡。

(5) 根据模型试验结果,以深埋两车道黄土隧道为例,由于周边裂隙水入渗对围岩压力影响较大，尤其在入渗第3阶段围岩压力增幅最大，建议采用围岩注浆方式处治周边裂隙水入渗时的控制范围为4 m；在隧道结构方面，由于周边裂隙水入渗及地下水位上升引起两侧拱脚部位应力值较大，隧道基底部位受力极不均衡，存在底板隆起的趋势，所以应对隧道拱脚、仰拱部位结构进行重点加固，但采用的具体处治技术及其处治效果仍需进一步深入研究。

第6章

富水黄土隧道服役性能监测系统搭建及应用

6.1 引言

前文从理论研究的角度分析了富水黄土隧道围岩及结构的服役性能劣化机理,本章则回归到工程实践中,结合依托工程搭建富水黄土隧道服役性能监测系统,对围岩、初支、衬砌进行全面监测,旨在为富水黄土隧道服役性能劣化处治提供技术支撑,使其采取的处治措施针对性更强、处治效果更佳。富水黄土隧道在服役期受地下水影响严重,结构承载能力下降,极易导致隧道衬砌开裂、渗漏水、错台、剥蚀等病害的发生,且其服役性能劣化机理复杂、表现形式多样;尤其对于寒区富水黄土隧道,在应力场、渗流场、温度场的耦合作用下,隧道服役性能劣化严重,其运营安全受到严重威胁,因此搭建隧道服役性能监测系统也可为隧道提供监测预警服务,保障隧道运营安全。

目前,传统的隧道服役性能监测手段主要有两个方面:一是利用振弦式传感器对隧道围岩及支护结构应力-应变进行测试,其技术成熟、性能稳定,不足之处在于其需在隧道施工期布设监测点,且隧道运营后无法补设;二是在隧道服役期采用精密水准仪、全站仪、激光扫描仪等对隧道结构应力-应变进行监测,其存在自动化程度低、费时费力、精确度低、监测周期短等弊端。鉴于此,本章基于传统振弦式传感器监测的技术优势,在隧道施工期布设传感器对围岩及初支结构的应力-应变参数进行监测,再利用分布式光纤传感器对隧道衬砌结构应力-应变进行监测,并融合无线传输、数据自动处理、软件开发等技术全面构建富水黄土隧道服役性能监测系统。

6.2 围岩及初支结构服役性能监测技术

富水黄土隧道围岩强度低、自稳能力差,其在施工过程中需及时封闭、尽早成环,因此其对传感器的现场安装快捷性提出了较高的要求。振弦式传感器作为传统的监测手段,其具有安装方便、可操作性强、性能稳定、成本较低等优点,目前被广泛应用于工程监测中。本书结合富水黄土隧道的工程特点,从振弦式传感器基本原理出发,有针对性地对富水黄土隧道围岩及初支结构的应力-应变状态进行监测,构建数据采集子系统,为全面搭建富水黄土隧道服役性能监测系统提供技术支撑。

6.2.1 振弦式传感器基本原理

(1) 数学模型。

振弦式传感器可简化为一根两端固定、张紧受力、质地均匀的钢弦[66-67],其简化数学模型如图6.2.1所示。图中,u为钢弦受到激振后各点距离其原有平衡位置的距离;x表示钢弦在平衡状态下的位置;T表示钢弦在测试状态下所受的应力值;l表示钢弦长度。

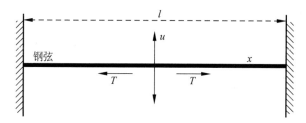

图6.2.1 振弦式传感器简化数学模型

基于结构动力学原理,可得出钢弦在横向振动条件下的平衡方程式,如式(6.2.1)所示:

$$\begin{cases} \dfrac{\partial^2 u}{\partial t^2} - a^2 \dfrac{\partial^2 u}{\partial x^2} = 0 \\ u\big|_{x=0} = 0 \\ u\big|_{x=l} = 0 \\ u\big|_{t=0} = \phi(x) \\ \dfrac{\partial u}{\partial t}\bigg|_{t=0} = \varphi(x) \end{cases} \quad (6.2.1)$$

式中,$a^2 = T/\rho$,这里ρ表示钢弦的线密度;t表示钢弦受激振的时间;$\phi(x)$表示钢弦的初始位移值;$\varphi(x)$表示钢弦的初始振动速度。

基于变量分离法,求得钢弦在激振条件下的驻波解:

$$U_n(x,t) = \left(A_n \cos \frac{n\pi a t}{l} + B_n \sin \frac{n\pi a t}{l} \right) \sin \frac{n\pi x}{l} \quad (6.2.2)$$

式中,n为任意正整数;A_n,B_n为定常系数。根据该公式可得钢弦的驻波频率f为

$$f = \frac{\omega}{2\pi} = \frac{n\pi a}{2\pi l} = \frac{na}{2l} \quad (6.2.3)$$

当$n=1$时,钢弦的驻波频率所对应的波长达到最大值,即

$$f = \frac{1}{2l}\sqrt{\frac{T}{\rho}} \qquad (6.2.4)$$

为进一步提高钢弦驻波频率的计算精度，需充分考虑钢弦截面积、体密度、弹性模量等参数，在式(6.2.4)中代入 $T = s\sigma$ 及 $\sigma = E\dfrac{\Delta l}{l}$，则钢弦驻波频率可表示为

$$f = \frac{1}{2l}\sqrt{\frac{E\Delta l}{\rho_v l}} \qquad (6.2.5)$$

式中，s 为钢弦的横截面面积；ρ_v 为钢弦的体密度；Δl 为钢弦受张拉力后所产生的应变；E 为钢弦的弹性模量；σ 为钢弦所承受的截面拉应力。

(2) 结构形式。

振弦式传感器的主要部件有支座、钢弦、铁片、导磁体、线圈、线缆等，振弦式传感器的敏感元件为钢弦，其采用高性能弹簧钢或马氏体不锈钢材料加工而成[68]；钢弦与支座固定，保证其与被测结构物统一协调变形，其结构形式如图 6.2.2 所示。

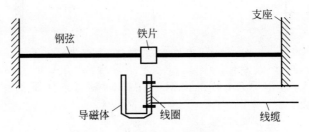

图 6.2.2　振弦式传感器结构示意图

当被测试的工程结构物产生变形时，钢弦所受张力增大并产生相应的变形，其自振频率也随之增大。钢弦自振频率与其所受张力之间具有较好的线性关系，因此可将自振频率作为被测信号，以表征被测结构物的应变。在测试过程中，通过激励电流使得 U 形导磁体产生一定的磁性，使铁片产生往复振动，进而对钢弦施加一定的振动频率。

(3) 工作原理。

振弦式传感器通过测试钢弦的振动频率，可间接测试被测结构物的应变，而实现测试钢弦振动频率则重点是要测试钢弦在振动条件下的最小驻波频率，其需要两个步骤：首先，通过电流激振，使得钢弦达到振动状态；其次，利用电路获取将钢弦受激振后切割电场所产生的信号频率值。当作用于传感器两端支座的力不同时，钢弦的振动频率也随之变化，可将钢弦的振动频率与相应受力状况之间建立转换关系，进而测试相应应变值。

现有振弦式传感器通常为智能型传感器，即在其采集到现场数据后，可自动进行数据信号的放大、过滤、变换等工作，直接进行数据传输，实现数据输出的全数字化，从而保证了数据采集及传输的精确度，其内部工作流程如图 6.2.3 所示。

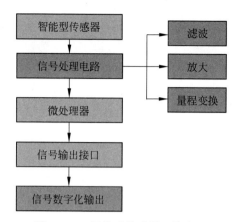

图 6.2.3　智能型传感器工作流程

6.2.2　监测方案

富水黄土隧道围岩工程性质较差,自稳能力极低,土拱效应丧失,而由于围岩与结构之间相互作用关系紧密,使得隧道服役性能与支护结构应力-应变状态之间产生直接而紧密的关系。鉴于此,经综合考虑,富水黄土隧道围岩及初支结构方面重点针对围岩与初支间接触压力、混凝土应力、钢拱架内力等3个方面进行监测,以客观、精准、高效地掌握富水黄土隧道服役性能。

对应于上述3类监测项目,采用土压力计、混凝土应变计、表面应变计作为主要的监测传感器。在监测断面内,3类传感器分别布设于拱顶、左右拱肩、左右拱腰、左右边墙、左右拱脚、左右仰拱中心、仰拱等12个部位,从而实现对富水黄土隧道围岩及初支结构的应力-应变状态进行全面监测,其具体布设位置如图6.2.4所示。

6.2.3　传感器现场安装

(1) 土压力计。

富水黄土隧道围岩与结构间接触压力可采用土压力计进行测试,目前常用的土压力计为双膜型,其内置钢弦及温度敏感元件,将测试频率以电信号形式输出。同时,双膜土压力盒结构设计精巧,两层受力膜,外层受力膜将力经过缓冲垫之后均匀传递给内部,使其具有抗干扰能力强、精确度高的优势。结合富水黄土隧道的工程实际情况,采用 JMZX-5020ATm 型压力盒,其量程为 0~2 MPa,精度为 0.01 MPa。在安装过程中,受力面(承压膜)一侧朝向围岩,并在土压力盒背后用土填充密实,保证土压力盒与初期支护结构、围岩紧密接触,其具体情况如图6.2.5、图6.2.6所示。

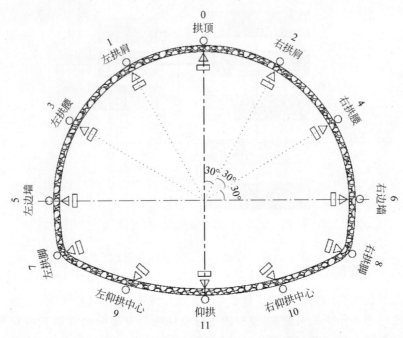

图 6.2.4　振弦式传感器布设位置

图 6.2.5　双膜土压力计

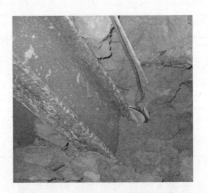

图 6.2.6　土压力计现场安装情况

(2) 混凝土应变计。

为准确监测富水黄土隧道初期支护混凝土结构内部的应力状况,本书采用 JMZX-215HAT 型混凝土应变计进行监测,其量程为 $-2000 \sim +2000\ \mu\varepsilon$,精度为 0.5%F.S,该传感器的设计原理与上述土压力计的原理基本相同。安装时,首先用细铁丝将传感器两端与结构钢筋绑扎牢固,该绑扎位置应避开施工扰动较大的位置。应变计最终受力状态应为两端紧贴结构钢筋,中间悬空;电缆沿环向引出,其环向布设位置应避开易受冲击的部位,并沿环向每隔 0.3~0.5 m 用细铁丝进行绑扎,保证电缆与结构钢筋接触牢固,其具体情况如图 6.2.7、图 6.2.8 所示。

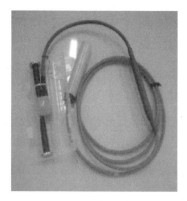 

图 6.2.7　混凝土应变计　　　　图 6.2.8　混凝土应变计现场安装

(3) 表面应变计。

隧道钢拱架内力可通过测试钢拱架轴向应变来进行换算,本书采用 JMZX-212HAT 型表面应变计进行监测,其量程为 $-3000 \sim +3000 \mu\varepsilon$,监测精度可达 0.5%F.S。在现场安装过程中,首先将标定后的支架焊接在钢拱架内侧翼缘板上;其次,将表面应变计焊接固定在支架中心,在焊接过程中,为避免高温引起的应变计频率漂移,应用湿毛巾包裹表面应变计以进行保护。为防止喷射混凝土影响表面应变计的正常工作,应用特制的保护罩将表面应变计保护起来,保护罩的出线口处应填充橡胶、塑料泡沫等软质材料,避免保护罩边缘割伤传感器信号电缆;同时,保护罩缝隙处应用玻璃胶或环氧树脂胶进行填充,避免浸水影响传感器的长期耐久性;最后,利用应变读数仪进行频率调试,将应变为零时的频率作为初始值,如图 6.2.9、图 6.2.10 所示。

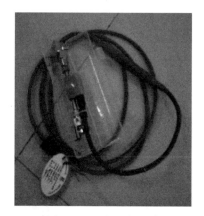 

图 6.2.9　表面应变计　　　　图 6.2.10　表面应变计现场安装

6.3 衬砌结构服役性能监测技术

分布式光纤具有性能稳定、监测范围全面、现场适应性强、成本低等优势,其对工程结构每个部位可像人体神经系统一样进行感知和远程监控,因此本书将其引入富水黄土隧道性能劣化监测中,实现全程、自动、实时地对富水黄土隧道衬砌结构劣化状态进行监测,并与传统振弦式传感器对隧道围岩及初支结构的服役性能监测形成互补,进而全面监测富水黄土隧道服役性能。

6.3.1 光纤传感器监测原理

布里渊散射光时域反射测量技术(BOTDR)是近年来国内外迅速发展起来的一项分布式光纤监测技术,其基本原理在于其利用传感光纤(裸纤)的变形量与其激光入射后产生的反射或散射频率之间良好的线形关系,进而利用调制解调器读取其反射或散射频率,进而准确测试光纤变形量,从而间接获取工程结构物的应变量[69-75]。在受力状态下,光纤的轴向应变与布里渊散射光频率漂移量可用下式表示

$$v_B(\varepsilon) = v_B(0) + \frac{\mathrm{d}v_B(\varepsilon)}{\mathrm{d}\varepsilon}\varepsilon \tag{6.3.1}$$

式中,$v_B(\varepsilon)$为光纤在产生应变后的散射频率变化量;$v_B(0)$为光纤在未产生应变时的散射频率值;$\mathrm{d}v_B(\varepsilon)/\mathrm{d}\varepsilon$为比例系数,与光纤类型有关。

布里渊散射光与其他散射光相比,其突出优势就在于其频率漂移量与温度的相关性(0.002%/℃)远小于其与应变的相关性[76-77]。因此,当利用布里渊散射光测试工程结构应变时,在温差小于5℃的环境下,可忽略温度对监测结果的影响。在现场监测过程中,利用BOTDR调制解调器对光纤输入脉冲信号,可获得光纤内的布里渊光强度值,并通过对比光纤产生应变前后的布里渊散射光强度值可得出频率漂移量,进而换算出光纤所产生的应变值。目前,利用BOTDR监测技术可实现最长80 km光纤沿线应变的监测,其应变测量范围为-1.5%~1.5%,距离分解度可达1 m,应变监测精度可达±0.003%,完全满足富水黄土隧道衬砌服役性能监测的要求。

为保证BOTDR监测结果的准确性,应确保分布式光纤与隧道衬砌结构达到协调变形的状态。分布式光纤所采用的裸纤直径较细,且脆性较强,在现场布设过程中极易折断,其可操作性较差;因此应在裸纤外侧敷设保护层,使其与裸纤共同受力,提高其现场可操作性。由于分布式光纤通常采用刻槽植入、表面螺栓固定等方式与隧道结构进行结合,则形成了"裸纤-保护层-隧道衬砌"相互作用的关系,其结构示意情况如图6.3.1所示,并建立其相互作用的应力及位移模型如图6.3.2所示。

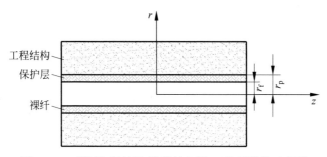

图 6.3.1 "裸纤-保护层-隧道衬砌"相互作用结构示意图

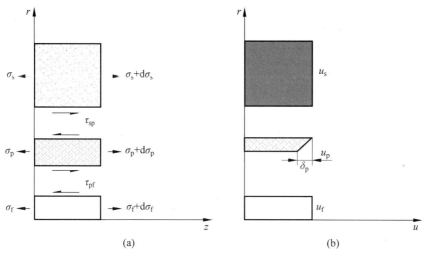

图 6.3.2 "裸纤-保护层-隧道衬砌"相互作用理论模型
(a) 应力模型;(b) 位移模型

在图 6.3.2 中,σ_s、u_s 分别为隧道衬砌结构所产生的 z 向正应力和位移,σ_p、u_p 分别为保护层的 z 向正应力和位移,σ_f、u_f 分别为裸纤的 z 向正应力和位移,τ_{sp}、τ_{pf} 分别为隧道衬砌结构-保护层之间界面及保护层-裸纤之间界面的剪应力。

基于静力平衡的基本原理,利用上述相互作用理论模型,可建立如下静力平衡方程:

$$\pi r_f^2 \mathrm{d}\sigma_f = \tau_{pf} 2\pi r_f \mathrm{d}z \tag{6.3.2}$$

$$(\pi r_p^2 - \pi r_f^2)\mathrm{d}\sigma_p + \tau_{pf} 2\pi r_f \mathrm{d}z - \tau_{sp} 2\pi r_p \mathrm{d}z = 0 \tag{6.3.3}$$

进一步整理可得几何方程:

$$u_s(r,z) = \int_0^z \varepsilon_s \mathrm{d}z \tag{6.3.4}$$

$$u_f(r,z) = \int_0^z \varepsilon_f \mathrm{d}z \tag{6.3.5}$$

$$\delta_p = \int_{r_f}^{r_p} \frac{\tau(r,z)}{G_p} dr \tag{6.3.6}$$

式中,ε_s、ε_f 分别为隧道衬砌结构和裸纤的 z 向正应变;$\tau(r,z)$ 为保护层所产生的剪应变;δ_p 为隧道衬砌结构与裸纤之间位移的差值;G_p 为保护层的剪切模量值。

$$u_p(r_p,z) - u_p(r_f,z) = \delta_p \tag{6.3.7}$$

基于"裸纤-保护层-隧道衬砌"之间的变形协调关系,可得

$$\frac{\tau(r,z)}{\tau_{sp}(r_p,z)} = \frac{r_p}{r} \tag{6.3.8}$$

假设隧道衬砌与保护层、保护层与裸纤之间界面为刚性,未发生滑移,可得

$$u_p(r_f,z) = u_f(r_f,z) \tag{6.3.9}$$

$$u_s(r_p,z) = u_p(r_p,z) \tag{6.3.10}$$

根据式(6.3.9)、式(6.3.10)可得

$$u_s(r_p,z) - u_f(r_f,z) = \delta_p \tag{6.3.11}$$

将式(6.3.9)~式(6.3.11)代入式(6.3.8)中,并用公式两侧对 z 二次求导,得出

$$\frac{d\varepsilon_s(z)}{dz} - \frac{1}{E_f} \frac{d\sigma_f(r_f,z)}{dz} = \frac{r_p}{G_p} \ln \frac{r_p}{r_f} \frac{d^2\tau_{sp}(z)}{dz^2} \tag{6.3.12}$$

对上式简化后可得

$$\frac{r_p}{r_f} \frac{d^2\tau_{sp}(z)}{dz^2} - c^2\tau_{sp}(z) = k \frac{d\varepsilon_s(z)}{dz} \tag{6.3.13}$$

式中,

$$c = \sqrt{\frac{2G_p}{r_f^2 E_f \ln \frac{r_p}{r_f}}} \tag{6.3.14}$$

$$k = \frac{G_p}{r_p \ln \frac{r_p}{r_f}} \tag{6.3.15}$$

在 $\varepsilon_s(z)$ 已知的情况下,可得出式(6.3.13)特解 $f(z)$,则其通解为

$$\tau_{sp}(z) = \lambda_1 \cosh(cz) + \lambda_2 \sinh(cz) + f(z) \tag{6.3.16}$$

式中,λ_1、λ_2 为待定系数。

由变形协调方程可得

$$\varepsilon_f(z) = \frac{2r_p}{E_f r_f^2} \int_{-L}^{z} \tau_{sp}(z) dz \tag{6.3.17}$$

由此可得裸纤应变与衬砌结构的应变之比

$$t(z) = \frac{\varepsilon_f(z)}{\varepsilon_s(z)} \tag{6.3.18}$$

上述理论分析揭示了分布式光纤监测隧道衬砌结构的基本原理,并建立了其

相互作用的理论模型,为本书采用分布式光纤监测富水黄土隧道服役性能劣化状况提供了理论基础。

6.3.2 监测方案

本项目采用刻槽植入的方法将分布式光纤嵌入隧道衬砌混凝土中,并用环氧树脂胶进行封闭,保证光纤与衬砌结构的协调变形。根据现场实际情况,本次监测所采用的光纤类型为外包聚乙烯(PE)应变感测光纤,其直径为 2 mm,每千米长的质量为 2 kg,具体情况如图 6.3.3 所示。该监测网主要通过布设横向连接光纤、环向感测光纤、温度补偿光纤三部分组成,其中环向感测光纤沿隧道拱部环向布设,横向连接光纤布设在隧道衬砌边墙部位,而温度补偿光纤敷设在隧道电缆沟内。为准确划分监测断面,根据隧道围岩等级、结构型式、结构劣化状况等因素综合确定断面间距,确定定位点位置,其推荐的监测断面间距为 20 m,可根据隧道地质复杂情况及监测的实际情况进行加密。该监测网的布设结构情况如图 6.3.4 所示。

图 6.3.3 裸纤外包 PE 保护层光纤

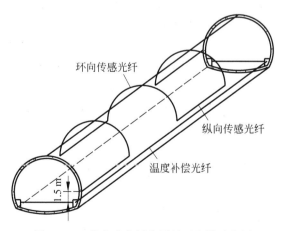

图 6.3.4 分布式光纤监测断面布设示意图

6.3.3 传感器现场布设

(1) 二次衬砌混凝土表面刻槽。

在衬砌表面刻槽之前,应先进行布线的整体规划,标注环向光纤的布设断面,并根据隧道边墙部位的设备箱、机电设施等情况确定横向连接光纤的布设位置,用墨线准确标注出其具体位置;为避免分布式光纤由折角过大而导致的散射光频率漂移,在环向光纤与横向光纤之间应作圆弧过渡处理,保证其平顺连接。利用切割机在衬砌表面刻槽,其凹槽深度不超过 5 mm,宽度不超过 3 mm;刻槽完成后应立即用吹风机将凹槽内的碎屑清理干净,必要时用水清洗并风干,避免凹槽内存在杂物而影响光纤与衬砌结构的协调变形,进而影响现场测试的准确性。本项目在隧道衬砌边墙及拱部刻槽的现场情况分别如图 6.3.5、图 6.3.6 所示。

图 6.3.5　隧道衬砌边墙表面刻槽　　图 6.3.6　隧道衬砌拱部表面刻槽

(2) 布线注胶。

为保证光纤能够准确测试到隧道衬砌结构的应变,在布设光纤时首先将光纤嵌入凹槽内,再人工施加一定的张拉力,用 502 胶间隔 1 m 距离定点固定,避免光纤在凹槽内处于松弛状态;其次,配制环氧树脂胶,可选用低分子 650 型聚酰胺树脂作为固化剂,配合比可选用环氧树脂与固化剂质量比为 1:1,保证其固化后的收缩率不超过 2%;最后,利用胶枪将配制好的环氧树脂胶注入凹槽内,保证凹槽内环氧树脂胶均匀、饱满,使得光纤与衬砌结构充分黏结,达到协调变形的状态。隧道边墙、拱部及其连接处的布线注胶现场情况分别如图 6.3.7~图 6.3.9 所示。

(3) 粘贴外侧保护层。

当布设环向光纤时,由于其位于隧道拱部,环氧树脂胶注入后极易向下流出,严重影响其光纤的布设效果,所以本书在布设环向光纤后在其衬砌表面粘贴布基胶带,以避免环氧树脂胶流出。该布基胶带宽度为 5 cm,在粘贴胶带前应先将其对应部位的衬砌表面清理干净,再用毛刷将底胶均匀涂于衬砌表面,随后粘贴布基胶带,并用毛刷反复涂刷,排出其内部的气泡,以保证光纤的布设效果,其现场具体情况如图 6.3.10、图 6.3.11 所示。

图 6.3.7　隧道边墙布线注胶

图 6.3.8　隧道拱部布线注胶

图 6.3.9　环向光纤与横向连接光纤交接处布线注胶

图 6.3.10　涂刷底胶

图 6.3.11　粘贴布基胶带

(4) 现场调试。

在光纤布设完成后,为检测整个线路的完整性,避免其局部存在断点及严重弯折处而影响监测效果,应采用激光笔进行线路检查。对于局部存在的断点,应进行重新连接,先用熔接机对光纤进行重新熔接,再用绝缘胶带对断点处进行外封,保证其强度满足现场测试要求,其具体现场操作情况如图 6.3.12、图 6.3.13 所示。本书在现场测试时采用国产的 AV6419 型 BOTDR 调制解调器,其采用的脉宽参数为 10 ns,折射率为 1.468,激光频率范围为 10.5~11.5 GHz,其中心频率为 10.8 GHz,最小采样间隔为 0.05 m,其现场操作情况如图 6.3.14、图 6.3.15 所示。

图 6.3.12 现场熔接光纤

图 6.3.13 熔接光纤后进行外封

图 6.3.14 分布式光纤与 BOTDR 主机连接

图 6.3.15 BOTDR 主机现场调试参数

6.4 监测系统搭建技术

传统的振弦式传感器及分布式光纤均需要人工现场读取监测数据,其自动化监测程度不高,在监测过程中费时费力,导致监测频率不高,且人工读取监测数据后需进行二次处理,其工作量较大且无法在现场及时处理数据,不利于现场管理人员实时动态掌握隧道服役性能,无法有效避免隧道病害的发生。近年来,随着光学、无线传输、计算机等技术的快速发展,隧道自动化监测技术迅猛发展[78-81]。基于此,本书结合富水黄土隧道的工程特性,利用监测数据的信息采集、传输、处理技术,构建富水黄土隧道服役性能监测系统,为富水黄土隧道服役性能劣化处治提供技术支撑。

6.4.1 组网框架结构

本系统采用"洞内有线+洞外无线"的组网方式,整个系统的框架结构包含数据采集子系统、数据传输子系统、数据管理分析子系统3个部分,其中数据采集子系统主要利用振弦式传感器和分布式光纤对隧道结构与围岩间接触压力、混凝土应力、钢拱架内力、衬砌应变等方面进行现场测试,充分发挥了各类传感器的技术优势,实现数据的准确、长期监测。数据传输子系统主要采用通用分组无线服务(GPRS)数据传输技术,并结合动态域名解析和端口映射技术,利用现有移动数据公网进行数据的高效传输,其硬件设备主要包含系统控制主机、移动电源、数据发送模块等[82-83]。数据管理分析子系统主要由安全预警判断模块和信息输送模块组成,其中安全预警判断模块由服务器和Web平台构成,而信息输送模块主要由短信息服务(SMS)、短信网关构成[84-86],其相互配合,共同实现数据的综合分析、预警及输送功能,该系统的基本框架结构如图6.4.1所示。

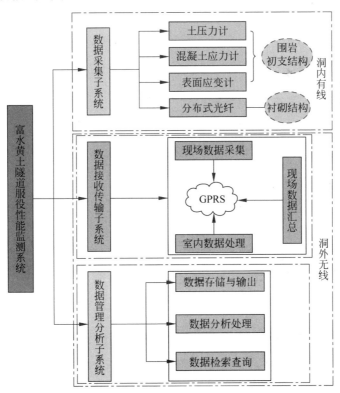

图6.4.1 富水黄土隧道服役性能监测系统框架结构示意图

6.4.2 数据传输原理

本系统在数据传输方面主要包含现场短程传输及远程无线传输,其中短程传输主要采用数据电缆的形式,以 RS-485 总线架构的形式,实现数据的高速、保真传输,其传输速度可达 10 MB/s。为保证监测数据的准确性,本系统将振弦式传感器及分布式光纤逐个进行唯一编号,当需要读取数据时,主机向各个传感器发送命令,该命令通过编号进行一一对应,传感器开始工作并将采集到的数据返回。远程无线传输主要采用 GPRS 网,其性能应与现场短程传输能力相匹配,共同实现监测数据的高效传输。同时,在主机控制过程中,为保证命令的准确性,本系统将数据采集模块设置为无法主动发送监测数据,并将主机与数据采集模块的数据格式、通信参数保持一致。

在数据监测过程中,首先由监测传感器将采集到的数据以数字信号的形式通过数据传输电缆传输至数据采集模块,随后通过中继器将信号加强后,通过总线传输至监控室的计算机,并进行数据的分析及预警处理,其数据采集及传输结构情况如图 6.4.2 所示。

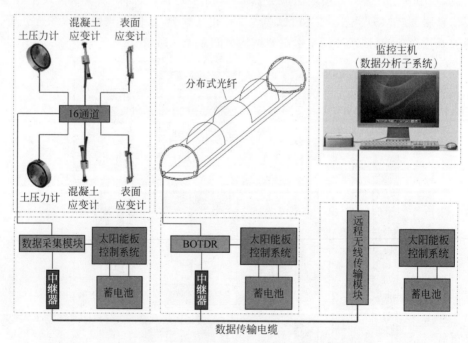

图 6.4.2　数据采集和传输系统结构示意图

6.4.3 监测系统软件平台

为全面实现富水黄土隧道服役性能监测数据的自动化处理,本书还研发了富水黄土隧道服役性能监测系统软件平台。该软件平台通过向现场发送指令,实现对现场传感器、数据采集模块、信号发送模块、信号接收模块等部件的全面控制,实现数据自动化采集、智能管理及精准预警等功能,该系统的运行流程如图 6.4.3 所示。

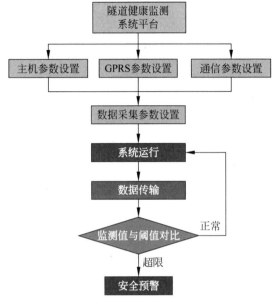

图 6.4.3　监测系统运行流程

在数据自动化采集方面,该软件平台可通过界面操作,自由设定数据采集模块的工作状态,包括采集数据时间、频率、类型等,其中数据采集频率可由 1 秒 1 次至 1 天 1 次进行自由设置,从而满足用户对数据采集的不同要求。在数据管理与输出方面,本系统将土压力计、混凝土应变计、表面应变计等振弦式传感器及分布式光纤的监测数据进行分类储存。用户可根据数据监测时间、传感器编号、传感器具体分布位置等信息进行数据查询,并可输出为.txt、.xlsx 或.xls、.doc 或.docx 等文件格式,从而实现监测数据的高效查询[87-90]。同时,软件平台可对用户选定的监测数据进行自动分析,输出应变-时间、应力-时间关系曲线,实现数据的可视化[91-94]。

为实现富水黄土隧道服役性能监测系统的安全预警功能,本软件平台可结项目实际情况及现场监测数据,计算预警指标及其阈值,在完成监测数据存储、初步分析后,将超过阈值的监测值记录下来,并根据其超过阈值的程度分为Ⅰ、Ⅱ、Ⅲ级预警[95-96],随后将其情况通过无线传输系统发送至移动客户端。

6.4.4　技术优势

本监测系统采用"洞内有线＋洞外无线"的组网方式,基于现场总线控制理论,实现了监测系统及功能的模块化运行,使得监测系统在运行可靠性方面具有较大的优势;同时,该监测系统实现了监测数据的数字化传输,避免数据信号丢失,提高数据传输的精度,具体而言该监测系统具有如下几个特点。

(1) 监测精度高:现场所有布设的传感器均具有内置编号,保证传感器与监测位置高度一致,避免人为造成的监测数据混乱或缺失,为高精度监测奠定坚实的基础;同时,在数据无线传输过程中,采用 GPRS 技术、端口映射技术相结合的方式,实现了监测数据一对一的远程发送、接收,保证监测数据在传输过程中的精度。

(2) 现场可操作性强:监测系统可同时接入传统振弦式传感器及分布式光纤传感器,具有较强的兼容性,保证了现场布设传感器的灵活性及可操作性;而且,本监测系统可对现场传感器的工作状态进行实时反馈,若发现某个传感器出现工作故障,立即反馈至客户端,现场工作人员立即对其更换,提高了监测系统的可维护性。

(3) 自动化程度高:本系统采用的智能传感器均带有内置的芯片,在数据采集过程中自动对数据进行换算,直接输出监测物理量,实现了监测数据的自动化采集;数据通过传输系统存储至监控主机上后,软件平台对监测数据自动分析,并对超过阈值的监测值进行自动发布预警信息,实现了监测预警功能的自动化。

6.5 工程应用

6.5.1 工程概况

吉(县)河(津)高速乔原隧道为双向四车道分离式隧道,其设计速度为 80 km/h,隧道限界净宽为 10.25 m,限高为 5 m,左右线长度分别为 1572 m、1626 m;左右线最大间距为 32 m,最大埋深为 114.98 m。该隧址区位于黄土塬区,塬面平整,四周冲沟发育,沟深坡陡,沟间多有残塬分布,微地貌表现为黄土冲沟、黄土斜坡及黄土梁等。隧址区内地质条件较为简单,其地层自上而下依次为 Q_3 黄土、Q_2 黄土,其隧道洞口段地层主要为 Q_3 黄土,其厚度为 $6.0 \sim 25.7$ m,其结构疏松,虫洞及大孔隙发育,垂直节理裂隙发育,具有Ⅲ~Ⅳ级自重湿陷性;而隧道洞身段主要围岩为 Q_2 黄土,其厚度为 $25.7 \sim 113.5$ m,其结构相对紧密,小孔隙发育,局部含有少量钙质结核体,整体呈硬塑状,稳定性较好,具有弱湿陷性。该隧道地形条件具体情况如图 6.5.1 所示。

图 6.5.1 乔原隧道地形情况

在农田灌溉、地表集中降雨、居民生活排水、开挖卸荷等因素的影响下,黄土隧道围岩极易产生落水洞、陷穴、地表裂缝等不良地质情况,导致黄土围岩劣化程度较高;而且在不利因素的长期作用下,不良地质情况迅速发展,加剧了地表水的入渗,引起隧道围岩含水量增大甚至产生泥化现象,严重破坏了黄土围岩的结构性,大幅降低了黄土围岩的整体稳定性。在黄土隧道施工过程中,围岩的严重劣化导致富水黄土隧道的塌方、初期支护开裂、仰拱开裂等病害,严重延长了隧道施工期,增加了隧道施工成本。乔原隧道地质灾害及施工期病害情况如图 6.5.2、图 6.5.3 所示。该隧道采用复合式支护结构,由初期支护和二次衬砌构成,其中初期支护包括 Φ22 注浆锚杆、Φ8 钢筋网片、I20a 钢拱架、26 cm 厚的 C25 喷射混凝土;二衬由 50 cm 的 C35 模筑混凝土构成,其具体情况如图 6.5.4 所示。

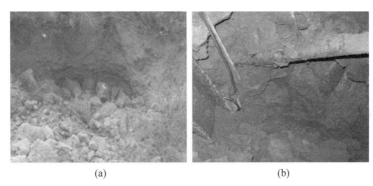

图 6.5.2 隧道地质灾害情况
(a) 地表陷穴;(b) 围岩泥化

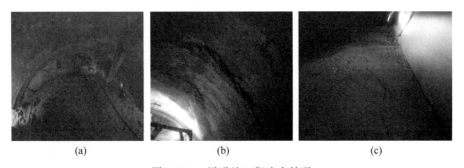

图 6.5.3 隧道施工期病害情况
(a) 隧道掌子面塌方;(b) 初期支护开裂;(c) 仰拱开裂

6.5.2 监测系统布设

本监测系统采用智能型数据采集箱对振弦式传感器的数据进行集中采集,每个采集箱内含有 64 个通道,每个通道接入一个振弦式传感器;为应对隧道现场供电不稳定的问题,本监测系统还配备有 2 个备用不间断电源(UPS),其在现场突然停电的情况下可立即启动工作,支持采集箱工作达 15 个小时以上,从而保证监测数据的连续性及实时性,其现场具体情况如图 6.5.5 所示。

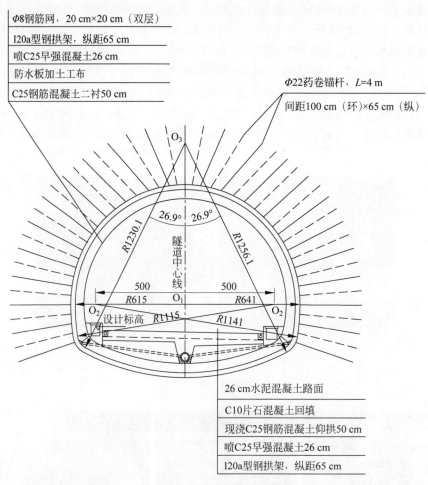

图 6.5.4 隧道支护结构参数

图 6.5.5 隧道监测数据采集箱

在上述数据采集箱布设的基础上,利用数据传输电缆将所有采集到的数据汇集至隧道洞口处,安装数据无线传输模块。该模块可实现数据接收、发送功能,主机可向其发送指令,实现对其远程控制的目的。同时,该无线传输模块具有现场安全快捷、适应性强、性能稳定等优点,满足隧道现场工作环境恶劣的相关要求。

在分布式光纤监测方面,本项目所采用的应变感测光纤为 NZS-DSS-C07 型紧包护套光纤传感器,其光纤类型为 SMG.652b,外包护套材质为聚氨酯弹性体材料。该光纤外径为 2 mm,便于在混凝土结构表面开槽植入;且该光纤弹性较好,易与被测混凝土结构协调变形。温度补偿光纤选用 NZS-DTS-C05 型塑封铠装感温光缆,外径为 5 mm,温度适应范围为 $-20 \sim 80$ ℃。根据本项目所需监测隧道段的实际情况,结合围岩级别、衬砌结构状况等因素,其环向光纤监测断面间距定为 20 m,其具体布设情况如图 6.5.6 所示。

图 6.5.6 光纤监测断面布设示意图

通过上述数据采集子系统与数据传输子系统的充分结合,可自动、实时、精准地监测乔原隧道服役期的各项参数,搭建起富水黄土隧道服役性能监测平台,为其服役性能劣化的处治工作提供技术支撑。

6.5.3 监测结果分析

(1) 接触压力监测结果及分析。

典型监测断面 YK9+685 的围岩与初支间的接触压力监测结果如图 6.5.7 所示,在监测初期,SPC-0~SPC-6 监测点的压力值增幅较大,其主要原因在于,黄土隧道围岩垂直节理裂隙较为发育,围岩整体稳定性差,隧道开挖后形成临空面导致围岩压力的迅速释放;而施工完成后,隧道封闭成环,受力逐步趋于均衡。在第 20 个监测日,隧址区产生强降雨,地表水大量下渗,隧道围岩含水量迅速增加,导致拱顶、拱肩部位压力的迅速增加,最大增幅达到62%。可以看出,在整个监测过程中所有监测点的变化规律基本相同,最大压力值415 kPa产生在拱顶部位,其对隧道服役期的整体稳定性产生了不利影响。

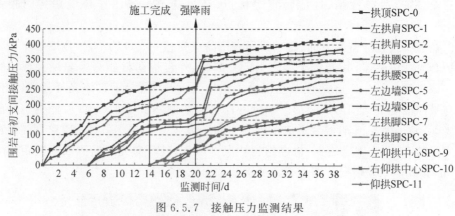

图6.5.7　接触压力监测结果

（请扫Ⅱ页二维码看彩图）

(2) 混凝土应力监测结果及分析。

从图6.5.8中可以看出,初期支护混凝土应力值受灌溉、强降雨等因素的影响而不断变化。在各监测点布设初期,其应力值迅速增加,当施工完成后,隧道初期支护结构封闭成环,各监测点应力值逐渐趋于平缓。尤其在二次衬砌施作完成后,各监测值基本稳定。在第52个监测日,在地表灌溉的影响下,各监测值大幅增加,尤其在左侧拱肩部位,受地表灌溉因素的影响,混凝土应力值由5.30 MPa增加至6.21 MPa,增幅达到17.2%。

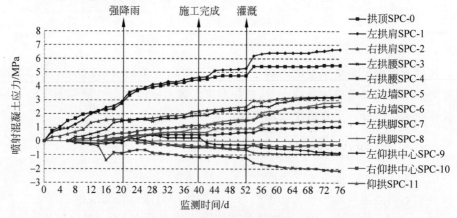

图6.5.8　混凝土应力监测结果

（请扫Ⅱ页二维码看彩图）

从图 6.5.9 中可以看出,在混凝土应力基本稳定状态下,最大压力值分布在左侧拱肩部位,为 6.67 MPa,远小于喷射混凝土设计抗压强度;最大拉应力值分布在右侧拱墙部位,为 −2.15 MPa,超过了喷射混凝土抗拉强度 1.3 MPa,导致右侧拱墙部位初支混凝土开裂,其裂缝宽度达 3～8 mm,其现场情况如图 6.5.10 所示。

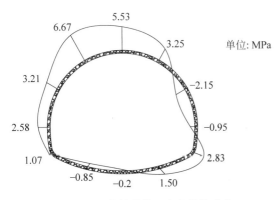

图 6.5.9 喷射混凝土应力最终分布

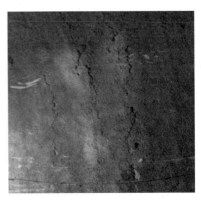

图 6.5.10 初期支护开裂

(3) 钢拱架应力监测结果及分析。

YK9+685 断面处钢拱架应力的整个变化情况如图 6.5.11 所示,可以看出,钢架内力变化规律与混凝土应力基本相同,其受灌溉、强降雨的影响较大。尤其在左侧拱腰部位,强降雨后钢架应力由 108.9 MPa 增加至 135.7 MPa,地表灌溉后钢架应力由 264.5 MPa 增加至 298.7 MPa,增幅分别达到了 24.6%、12.9%。

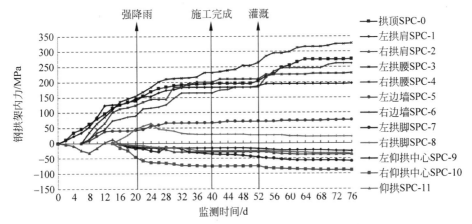

图 6.5.11 钢拱架应力监测结果
(请扫Ⅱ页二维码看彩图)

从图 6.5.12 中可以看出,钢架应力分布极不均衡,大部分承受压应力,仅仰拱及右拱肩部位承受拉应力,有产生底板隆起的趋势。此原因在于,地表水下渗后积聚在两侧边墙背后,使得该部位黄土围岩强度急剧衰减,该部位隧道支护结构承受较大压应力,导致隧道底板两端承受较大压力,如同"扁担状",进而在隧道仰拱部位产生一定拉应力。在整个初支钢拱架结构中,最大压应力产生在左拱腰部位,达326.6 MPa,最大拉应力产生在右仰拱中间位置,达89.6 MPa,但最大应力值未超过其抗压、抗拉设计强度值。可见钢拱架承受了较大的应力,其在初支结构中发挥了重要的承载作用。

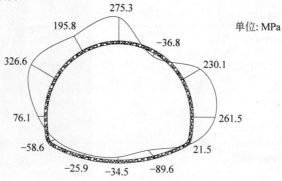

图 6.5.12 钢拱架应力最终分布

(4) 二次衬砌应力状态监测结果及分析。

在本项目现场监测中,采用光纤调制解调器型号为 AV6419,由苏州南智传感科技有限公司生产,其应变测试精度为 $\pm 20\ \mu\varepsilon$,空间分辨率为 0.25 m。在本次监测周期内,以 2017-2-10 监测值为基准,监测总时长为 7 个月,每个月监测 1 次,所得隧道衬砌混凝土应变值如图 6.5.13 所示。

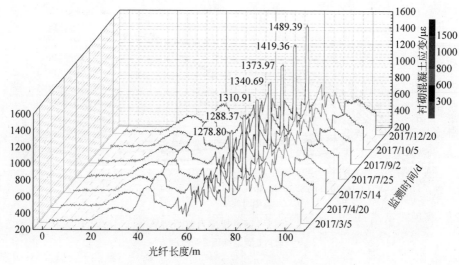

图 6.5.13 隧道衬砌结构应变时空分布

(请扫Ⅱ页二维码看彩图)

从图 6.5.13 中可以看出，在整个监测区域中大部分监测点的应变值为 300～600 με，其对应裂缝宽度值为 0.075～0.150 mm，小于《混凝土结构设计规范》(GB 50010—2010) 中规定的钢筋混凝土裂缝宽度限值 0.20 mm，该部分隧道段衬砌处于稳定且安全的状态。然而，在光纤长度为 75 m 处，对应位置为 YK9+699 断面的右侧边墙处，应变值出现峰值，其值达到 1278～1498 με，其对应裂缝宽度值为 0.319～0.375 mm，其现场具体情况如图 6.5.14 所示。通过对该处应变监测值的全过程分析，发现其由 2017-03-05 的 1278 με 连续增加至 2017-12-20 的 1498 με，增加幅度达 17%，增速为 31.43 με/M。可见，该处隧道衬砌混凝土裂缝仍处于发展趋势，对隧道衬砌服役性能产生严重威胁。

通过上述研究可以看出，利用"振弦式传感器+分布式光纤"相结合的手段构建富水黄土隧道服役性能监测系统，融合了传统监测手段和分布式光纤监测的优点，实现了隧道服役性能的长期、精准监测。通过对监测结果的分析可以看出，富水黄土隧道服役期围岩压力及初支结构力学形态受灌溉、强降雨的影响较大，其应力分布极不均衡；而在富水黄土隧道衬砌服役性能监测方面，该系统利用分布式光纤对隧道衬砌裂缝实现精准监测。上述监测结果与第 5 章物理模型试验结果极为吻合，其相互验证，共同揭示了富水黄土隧道围岩及结构的服役性能劣化规律，对于隧道服役性能劣化处治方案的制定及减小隧道运营风险具有非常重要的意义。

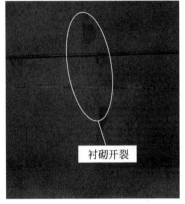

图 6.5.14 隧道衬砌开裂现场情况

6.6 本章小结

本章采用"传统振弦式传感器+分布式光纤传感器"相结合的手段、"洞内有线+洞外无线"的组网方式，利用数据采集子系统、数据传输子系统及数据分析处理子系统共同搭建富水黄土隧道服役性能监测系统，并结合依托工程对隧道围岩、初支、衬砌结构服役性能进行全面监测，所得结论如下所述。

（1）基于振弦式传感器及分布式光纤的监测原理，构建数据采集子系统，并配合数据传输子系统、处理子系统、软件平台，全面搭建富水黄土隧道服役性能监测系统，实现对富水黄土隧道服役性能全面监测。

（2）在围岩及初支服役性能监测结果方面，围岩压力在监测初期增幅较大，受强降雨影响，拱顶、拱肩部位压力迅速增加，最大增幅达到 62%，最大压力值 415 kPa 产生在拱顶部位；混凝土应力最大压力值分布在左拱肩部位，最大拉应力值分布在右拱墙部位，超过了喷射混凝土抗拉强度 1.3 MPa，导致右拱墙部位初支混凝土开裂；钢架应力分布极不均衡，大部分承受压应力，仅仰拱及右拱肩部位承受拉应力，有产生底板隆起的趋势，对隧道服役性能产生较大的影响。

(3) 在衬砌结构服役性能监测结果方面，大部分监测点的应变值为 300～600 $\mu\varepsilon$，隧道段衬砌处于稳定且安全的状态，而 YK9+699 断面的右边墙处，应变值出现峰值，其对应裂缝宽度值为 0.319～0.375 mm；且该裂缝仍处于发展趋势，对隧道衬砌服役性能产生严重威胁。

第7章 基于性能劣化的富水黄土隧道病害处治技术研究

7.1 引言

从第6章研究结果中可以看出,富水黄土隧道在服役期围岩劣化度高,导致围岩与支护结构接触压力大、初支结构应力分布不均衡、衬砌结构局部应变较大,极易诱发富水黄土隧道的衬砌开裂、渗漏水、背后空洞、底板隆起等病害。同时,结合前文关于富水黄土隧道服役性能现场调研、结构劣化、围岩劣化等方面的研究成果可以看出,富水黄土隧道服役性能劣化的处治措施主要在于两个方面,即对地下水的处治及结构性能的维护及加强。传统黄土隧道在设计施工中采用"防排结合,以排为主"的治理原则,其一方面采用注浆方式对隧道围岩进行加固,封堵隧道围岩中的渗水通道,提高隧道围岩强度;另一方面优化隧道防排水系统,加大隧道防排水能力,使得隧道衬砌背后积水迅速排出。然而,由于黄土地层通常以粉土为主,其细小颗粒较多,且可溶盐及矿物质含量较大,随着地下水的不断排出,土体中细小颗粒被带走,导致土体被"掏空"而逐渐形成空洞,严重影响富水黄土隧道结构服役性能。可见,以排为主的富水黄土隧道处治措施无法彻底解决其水患,且极易导致地下水位下降、水土流失等生态环境问题;而以堵为主的处治措施不仅工程造价大、工期长,且施工完成后隧道衬砌承受较大水压力,易导致衬砌开裂、渗漏水等病害的发生。在结构加固方面,现有处治措施主要有粘贴钢板、增设钢拱架、锚喷、增设套拱等方法,未抓住富水黄土隧道衬砌结构受力大、变形大、发展趋势快等特点,导致其处治效果良莠不齐,现场应用局限性较大。

鉴于此,本章从富水黄土隧道服役性能劣化的机理出发,首先总结目前国内外针对富水黄土隧道围岩加固、衬砌渗漏水处治、衬砌结构加固等方面的技术手段,分析各技术手段的优缺点;其次,依托工程案例,结合其性能劣化机理及特点,提出基于地下水平衡理论的可控注浆加固技术与基于碳纤维编织网增强混凝土的衬砌病害快速修复技术,形成集围岩加固、结构修复于一体的富水黄土隧道病害处治技术;最后,结合富水黄土隧道服役性能劣化特性,从病害形成机理、评判指标出发,给出富水黄土隧道病害综合处治技术体系,以期为后续富水黄土隧道的建设及运营提供参考,也为富水黄土隧道病害处治规范的建立提供借鉴。

7.2 富水黄土隧道病害处治现有技术

7.2.1 围岩加固

(1) 帷幕注浆。

帷幕注浆是一种广泛应用于改善黄土隧道渗透性、提高黄土强度的注浆工艺[97-99]。首先,帷幕注浆基于传统注浆技术,利用液压或气压将配备好的浆液通过注浆孔注入目标围岩体中,填充围岩体中的节理裂隙,提高其物理力学性能;其次,该工艺通过合理布设注浆孔孔距,使得各孔注浆体相互搭接,形成帷幕状的注浆体,从而截断或削弱地下水渗流作用,达到围岩加固、防渗堵漏的目的。

根据前期学者们的研究基础及现场应用经验,在富水黄土隧道帷幕注浆中,其浆液通常采用水泥-水玻璃质量比为 1∶1 的双浆液,水玻璃浓度为 30～40 波美度,模数为 2.4～3.4;为保证注浆断面不出现盲区,注浆孔间距应不大于 $1.5R$(R 为注浆扩散半径);注浆压力可根据黄土结构疏松情况具体确定,一般为 2.5～4.5 MPa;止浆墙可采用 1.5～2.5 m 厚的 C30 混凝土;在纵向上,可采用分段式前进注浆工艺,循环进尺控制在 15～20 m,搭接长度不小于 5 m。目前,帷幕注浆工艺在宝(鸡)兰(州)客运专线上庄隧道、巉(口)柳(沟河)高速新庄岭隧道、土家湾隧道等富水黄土隧道施工过程中得到充分应用,并取得了较好的处治效果。

(2) WSS 注浆。

二重管无收缩双液注浆(WSS)基于后退式注浆工艺,在二重管端头设置浆液混合室,将 A、B 两种浆液混合后注入富水黄土体中,浆液填充黄土颗粒间空隙并挤出地下水,从而实现加固隧道围岩、改善隧道围岩工程性质的效果[100-102]。由于 WSS 注浆系统包含有注浆参数监控器及喷射装备,其注浆可控性强,且注浆喷射过程分为两次,即瞬结性喷射和浸透性喷射,使其注浆效果相对较好;而且,WSS 注浆工艺还具有污染小、噪声小、注浆范围大、成本低等优势。WSS 工法可采用 XY-100 改进型地质回转钻机,并用二重管钻杆钻进成孔。同时,根据笔者的前期研究成果[103-105],利用 WSS 工法对富水黄土隧道进行围岩加固时,其浆液材料宜采用普通硅酸盐水泥、水玻璃及外加剂,其具体配比见表 7.2.1;其余参数可参考上述帷幕注浆的相关参数。

表 7.2.1 WSS 注浆材料配比

类型	材料	W∶C	C∶S	水玻璃	SK-1 剂	SK-2 剂
AB 液	425♯普通硅酸盐水泥、50°Be′水玻璃	0.8∶1～1.5∶1	1∶1～1∶0.3	20～35°Be′	—	—
AC 液	425♯普通硅酸盐水泥、50°Be′水玻璃、SK-1 剂、SK-2 剂	0.6∶1～1.2∶1	0.6∶1～1.2∶1	30～35°Be′	5%～10%	1%～2%

(3) 高压旋喷桩。

高压旋喷桩首先基于高压喷射注浆原理[106-109],即通过钻机将注浆管钻至预加固土体位置,以 20~40 MPa 的高压将浆液从喷嘴中喷出,破坏原有土体;随着注浆管的不断旋转及缓慢上升,同时在浆液的冲击力、离心力作用下,原有土体颗粒与浆液充分混合,待浆液凝固后,在土体中形成注浆体。对于富水黄土隧道而言,由于其围岩结构疏松,整体强度较低,在旋喷注浆施工过程中,高压喷射而出的浆液将土体破坏,黄土细小颗粒被浆液所置换,而其余的大颗粒与浆液充分混合,形成土-水泥混合而成的注浆加固体。

由于高压旋喷桩的施工机械较小,其对施工空间要求低、施工占地较小,且其具有振动小、噪声低、施工成本低、速度快等优势;同时,其加固质量可控性强,加固后的隧道围岩稳定性较好。目前,高压旋喷桩普遍应用于黄土隧道基底加固工程中,如京藏高速西宁过境段大酉山隧道[110]、吉河高速公路乔原隧道[103]等,并取得了较好的围岩加固效果。

7.2.2 衬砌渗漏水处治

(1) 地表水封堵及引排。

黄土隧道围岩垂直节理裂隙发育,竖向渗透性较强,为地表水下渗提供了良好的通道,使得黄土隧道受地表水的影响较大[111-112]。尤其在隧道穿越黄土塬区时,其地表居民生活排水、农田灌溉、强降雨等因素使得围岩含水量剧增,围岩工程性质严重劣化。因此,地表水的合理处治是富水黄土隧道施工及运营过程中最关键的环节之一。为减小地表水对黄土隧道的影响,首先利用水泥砂浆对地表陷穴、落水洞、地裂缝等地表水下渗通道进行封堵;而对于地表生态保护要求较高的地区,可先挖除深度 0.5 m 范围内的地表土,利用二灰土、淤泥质土或者黏土铺设形成隔水层,再恢复地表土层及其植被;其次,完善隧道地表防排水设施,尤其是对隧道顶部的天沟、排水沟、截水沟进行合理布设,对地表松散堆积体进行彻底清除,及时将地表水排出,避免其下渗影响围岩含水量。

(2) 注浆封堵。

富水黄土隧道衬砌表面存在小范围的渗漏痕迹,且当前无渗漏水或渗水量较小的情况下,可采用表面封堵的方式进行处理,即直接用防水材料在衬砌混凝土渗漏点处进行封堵。在施工过程中,先将待处理区的衬砌表面凿毛,在用吹风机清理表面浮渣,也可用水冲洗;待其表面干燥后,用防水砂浆在衬砌抹面,并涂刷高分子聚合物防水密封胶进行封闭处理。当富水黄土隧道渗漏水量较大,且长期渗漏水导致衬砌背后形成空洞、空腔时,应采用深孔注浆方式进行堵漏。首先根据隧道病害情况进行放线定位,确定钻孔位置、钻孔密度、深度,钻孔一般呈梅花形布设;用电动凿岩机钻孔,方向与衬砌表面垂直;在钻孔内插入注浆钢花管,并用止浆塞进行封堵,接入注浆泵,待注浆完成后切除注浆钢花管的端头,并用防水砂浆封堵管口。目前,上述表面封堵、深孔注浆措施在富水黄土隧道渗漏水处治中已得到充分应用,其施工工序简单、成本低、易操作,但存在处治不彻底、病害易复发的问题。

(3) 洞内引排。

对于运营富水黄土隧道而言,当渗水量较大且彻底处治成本较高、工期较长时,可采用洞内引排法,将衬砌表面渗漏水引排至既有排水系统中。目前,常用的引排法主要由明排法和暗排法[113-115]。其中,明排法通过敷设铝膜舌片、布设PVC半管,将渗漏水引至PVC半管内排走,其具体施工步骤为:凿槽→清除混凝土浮渣→敷设铝膜舌片→安装PVC半管→安装U形卡→涂刷环氧树脂→防水砂浆堵缝;明排法的结构型式如图7.2.1所示。明排法具有施工快捷、成本低、可维护性强等优点,但其影响隧道衬砌表观质量,且在寒区隧道易结冰冻胀,排水效果欠佳。相比之下,暗排法外表美观,防治效果好,受外界环境影响小,其施工步骤为:制作PVC半管→凿槽→刷除混凝土浮渣→敷设铝膜舌片→安装PVC半管→安装U形卡→布设膨胀橡胶止水带→用防水砂浆抹压凹槽→表面涂刷SWF混凝土密封剂;暗排法基本结构型式如图7.2.2所示。

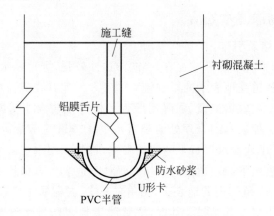

图 7.2.1　隧道明排法结构示意图

7.2.3　衬砌结构加固

(1) 粘贴W钢带。

粘贴W钢带是富水黄土隧道衬砌加固最常用的技术手段之一。粘贴W钢带施工过程主要为:首先,应将待加固衬砌表面进行处理,确保衬砌混凝土表面平整,其平整度不应大于1.5 mm/m;其次,利用喷砂对W钢带粘贴面进行打磨,并根据现场实际情况在固定位置对钢带打孔,预留锚栓位置,锚栓可采用M16化学锚固螺栓,其植入深度不小于15 cm;然后,在待加固隧道衬砌处均有涂抹改性环氧树脂砂浆作为W钢带的粘贴底胶,安装W钢带后,应用长度为50 cm的W接头钢带进行搭接,其与原W钢带间用锚栓进行连接;最后,在检查W钢带粘贴效果后,对其进行防腐处理,提高其耐久性。粘贴W钢带具有施工快捷、成本低、现

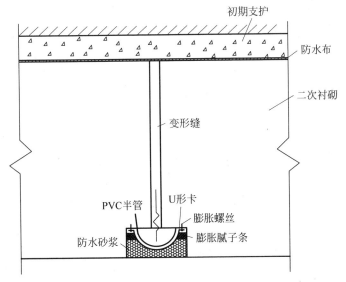

图 7.2.2 隧道暗排法结构示意图

场适应性强、操作性强、不影响隧道限界等优势;但其受限于 W 钢带加固范围小、整体受力差等因素,仅适用于隧道衬砌微小裂缝的处治,无法对隧道衬砌进行整体加固[116-119]。

(2) 钢拱架＋注浆锚杆。

"钢拱架＋注浆锚杆"法是隧道衬砌整体加固最常用的技术手段之一,其利用格栅钢架或型钢钢架结合注浆锚杆的方式,以提高隧道支护结构力学性能[120-121]。"钢拱架＋注浆锚杆"法施工步骤主要有:①在隧道左右拱脚处浇注 C25 混凝土支墩作为增设钢拱架的支座,并提高原支护结构拱脚承载力,提高整体稳定性;②再架设工字钢,其纵向间距为 0.5～1.0 m,可根据实际情况进行调整;③在隧道衬砌沿环向打设锚杆注浆孔,其环向间距为 1.0 m,注浆压力为 0.5～1.5 MPa,注浆完成后在注浆孔内插入 Φ22 mm 锚杆,将尾部弯折成"L"形,并与钢拱架牢固焊接;④在工字钢内外缘分别焊接一层钢筋网片,并喷射 C25 混凝土充填。"钢拱架＋注浆锚杆"法具有施工速度快、工艺简单、力学性能好等优势,但其存在成本高、影响隧道限界、与原隧道衬砌协调变形能力差等缺点,在隧道加固实际工程中具有一定局限性。

(3) 增设套拱。

增设套拱法是在原隧道衬砌表面再架设工字钢、纵向连接钢筋等,并浇筑混凝土形成"第三层衬砌",其最大的优势在于可对隧道整体进行加固,并可重新布设防排水系统,对病害处治的整体效果较好。在其施工过程中,首先应拆除原有部分设施,如排水边沟、照明设施及电缆沟内的电缆等,以便预留施工空间;其次,若富水黄土隧道衬砌背后存在空洞和层间脱空,需采用局部注浆法进行结构加固,并重新布设排水系统,将新布设的环向排水管、横向排水管、纵向排水管与原有排水系统充分结合,高效利用;最后,在原隧道拱脚处支模浇筑底座,再打设缩脚锚杆、架设钢拱架、绑扎钢筋网,并在底座上浇筑混凝土,形成隧道衬砌套拱。增设套拱法虽可对隧道病害进行彻底处治,但其存在施工周期长、成本高、影响隧道限界等缺点,目前仅适用于对限界要求不严格的低等级公路隧道整体加固中。

综上所述,富水黄土隧道病害处治方法较多,在实际工程应用中可选择范围较大,但各方法适用范围不同,应用局限性较大,处治效果良莠不齐;且现有处治技术对富水黄土隧道病害特点的针对性不足,无法实现高效、快速的病害处治要求。鉴于此,本书将基于富水黄土隧道病害的特点,研发新型处治技术,为富水黄土隧道的施工运营安全提供技术支撑。

7.3 基于地下水平衡理念的可控注浆加固技术

7.3.1 工程背景

1) 工程概况

银(川)百(色)高速公路(G69)榆林子隧道位于甘肃省庆阳市东部,陕甘宁三省区交界处,属陇东黄土高原。该隧道为双向4车道分离式隧道,其设计速度为80 km/h,隧道建筑净宽10.25 m,限高5 m;左洞起止里程为ZK279+565~ZK281+465,全长1900 m;右洞起止里程为YK279+505~YK281+490,全长为1985 m。隧道进出口发育有黄土冲沟,山坡较陡,冲沟狭窄,植被发育,隧道最大埋深112.35 m。该隧道采用复合式支护结构,由初期支护和二次衬砌构成,其中初期支护包括Φ22注浆锚杆、Φ8钢筋网片、间距为50 cm的I20a钢拱架,厚度为28 cm的C25喷射混凝土;二次衬砌由厚度为50 cm的C35模筑混凝土构成。

隧址区内以流水地貌为主,重力地貌和风成地貌次之。在地表水侵蚀作用下,隧址区黄土塬区沟壑纵横,地形支离破碎,沟谷纵横交错,下切深度大,天然沟道密度大,沿沟两侧沟坡陡峻,并形成黄土陡坎;榆林子隧道洞口现场实际情况如图7.3.1所示。

2) 水文地质条件

隧址区地下水为松散岩类孔隙潜水,主要赋存于第四系中更新统离石黄土夹多层古土壤和钙质结核层,富水性极弱,地下水来源主要为地表降雨;由于土体垂直节理裂隙发育,其为地下水下渗提供通道,地下水以泉水方式排泄于沟谷。隧道涌水量较大,土体富水性较强,洞室开挖后会有潮湿感及滴水现象,在强降雨时洞室有滴水或渗水、偶有线状流水现象。隧址区地处祁吕贺兰山字型构造的伊陕盾地西南部,区域地质构造上属鄂尔多斯地台、祁连褶皱系与西秦岭褶皱系的交接地段,地质构造简单、稳定。根据工程地质调绘、钻探及工程物探等成果,隧址区地层

图 7.3.1　榆林子隧道洞口现场情况

岩性由上而下为第四系上更新统(Q_3^{eol})马兰黄土、中更新统(Q_2^{eol})离石黄土夹多层古土壤,其特征如下所述。

(1) 第四系上更新统(Q_3^{eol})马兰黄土:结构疏松,土质较均,以粉粒和黏粒为主,呈黄色,具垂直节理,可见大孔隙及虫孔,含钙质结核,硬塑状态,层厚稳定,主要分布在塬面地带,进出口山坡地带受侵蚀、剥蚀厚度并逐渐变薄,据钻孔揭示,层厚 9.90～18.50 m。

(2) 第四系中更新统(Q_2^{eol})离石黄土夹多层古土壤:岩性为粉砂质黄土,土质均匀,呈灰黄～浅褐黄色,干燥,自上向下变坚硬,垂直节理发育,直立性较好,发育有多层褐红色古土壤层,层次不甚清晰;伏于上更新统马兰黄土之下,山体陡坡地带有出露,据钻孔揭示,层厚大于 110 m。

3) 施工地质灾害情况

榆林子隧道右洞进口在开挖初期,其围岩含水量较小,无渗水现象,当掌子面开挖至 YK279+615 时,围岩含水量明显增大,并呈现出明显的"泌水"现象,尤其在拱脚部位,围岩达到超饱和状态并呈泥状,其现场具体情况如图 7.3.2(a)所示。隧道初期支护结构施工完成 5 d 后,初支表面出现明显滴漏,随后渗水量逐步增大,并发展成为线状滴漏,局部出现白色结晶体;随着渗水量的不断增大,初支结构变形量持续增加,尤其是累计拱顶下沉量最大值达到 15 cm 左右,并最终诱发小型塌方,其塌方量约 500 m³,现场具体情况如图 7.3.2(b)所示。掌子面后方 45 m 处的隧道段出现仰拱开裂现象,其裂缝沿隧道轴线方向发展,裂缝宽度最大值达 1.25 cm,裂缝长度最大值达 12.8 m,现场具体情况如图 7.3.2(c)所示。同时,隧道衬砌边墙部位出现多条剪切裂缝,其几何形态呈纵向及环向,根据现场监测结果,裂缝最大宽度达 3.0 mm,并有进一步发展的趋势,现场情况如图 7.3.2(d)所示。

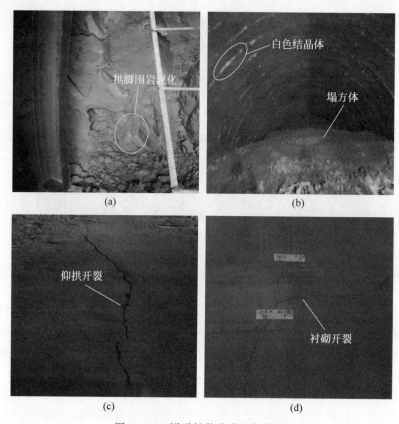

图 7.3.2　隧道性能劣化现场情况
(a) 拱脚围岩泥化；(b) 初支表面结晶及掌子面塌方；(c) 仰拱开裂；(d) 衬砌边墙开裂

7.3.2　制定处治方案

1) 隧道性能劣化机理

针对榆林子隧道所面临的一系列的性能劣化情况，本书在前文关于富水黄土隧道结构劣化、围岩劣化、结构与围岩相互作用、性能监测等方面研究成果的基础上，深入分析其性能劣化机理，从而制定出准确、客观的隧道性能劣化处治方案。通过对榆林子隧道现场调查及地质资料搜集可知，右洞 YK279+615 处埋深仅为 25.8 m，上覆围岩以第四系上更新统（Q_3^{eol}）马兰黄土为主，其垂直节理发育，为地表水下渗提供了良好的通道；且该处地表存在沟谷地形，其在强降雨作用下极易汇水；同时，受开挖卸荷作用的影响，地下水逐渐渗透至隧道周围，导致围岩含水量的逐渐增大。根据第 4 章中关于不同浸水条件下黄土抗剪强度的变化规律可知，在浸水第 5 d 时黄土抗剪强度达到最小值，其劣化程度最高；而根据现场情况可知，隧道初期支护结构施工完成 5 d 后，初支表面出现明显滴漏，随后渗水量逐步增大，初支结构变形量持续增加，可见其围岩强度易大幅衰减，初支结构荷载增大而使其局部产生破坏。可见，该隧道现场劣化实际情况与理论研究结果高度吻合,其进一步验证了富水黄土隧道在服役初期阶段的劣化机理。

随着地下水的持续作用,其导致的隧道劣化情况逐渐加剧。根据第3章中关于浅埋偏压黄土隧道围岩富水体对衬砌结构附加应力的计算结果及第5章中浅埋偏压黄土隧道围岩压力监测结果可知,在地表水下渗初期,富水体对隧道拱部结构荷载影响较大,而随着地表水的持续下渗,富水体厚度不断增大,衬砌边墙部位附加荷载不断增大,导致隧道衬砌整体受力不均衡,易导致仰拱、边墙部位开裂;其解释了榆林子隧道塌方、仰拱及衬砌边墙开裂的机理,为制定处治方案提供技术支撑。

2) 基于地下水平衡理念确定注浆体渗透系数

根据上述针对榆林子隧道性能劣化机理的研究结果,本书采用地下水平衡理念处治其性能劣化情况,即,当富水黄土隧道采用"以排为主"的防排水措施时,易诱发地表沉降、空洞等病害,且易导致水土流失;而当采用"以堵为主"的防排水措施时,其支护结构承受较大水压力,影响隧道结构服役性能;因此,若使得隧道服役期渗水量(Q_s)等于隧道影响范围内地下水的补给量(Q_D),则地下水达到平衡状态,避免了上述各种不利状况,有利于提升富水黄土隧道服役性能。基于此,通过精准控制隧道围岩注浆体的渗透系数,使得隧道渗水量与其补给量达到平衡状态,从而实现对富水黄土隧道服役性能劣化的彻底处治。

为保证富水黄土隧道达到地下水平衡状态,应准确计算隧道渗水量及地下水补给量。在渗水量计算方面,假设隧道服役期渗水量为隧道施工期涌水量的最大值,则可根据佐藤邦明法计算隧道非稳定状态下各阶段的涌水量[122],其随时间的变化曲线如图7.3.3所示。

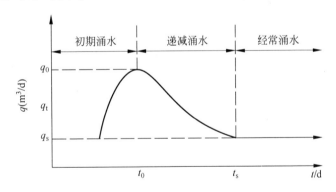

图7.3.3 涌水量 q 与时间 t 的关系曲线图

在图7.3.3中,q_s 为隧道开挖前原地层中正常涌水量;q_0 为受隧道开挖扰动初期涌水量;q_t 为从初期涌水开始到稳定期的涌水量。可见,初期涌水量 q_0 为整个涌水周期内的最大值,可将该值作为隧道地下水平衡状态的控制目标,其计算公式为

$$Q_y = q_0 = \frac{1.72\pi K(H-r_0)}{\ln\left\{\tan\dfrac{\pi(2H-3r_0)}{4h}\cot\dfrac{\pi r_0}{4h}\right\}} \tag{7.3.1}$$

式中,K 为隧道围岩渗透系数(m/d);H 为地层中静止水位到隧底的距离(m);r_0 为隧道横截面等价圆半径(m);h 为富水地层厚度(m)。

根据地下水径流模数法的基本理论可知,隧址区内地表水在整个循环范围内可达到平衡状态,据此可建立地表水平衡方程:

$$W = H' + h' + E \tag{7.3.2}$$

并由此计算隧址区地下水补给量 Q_b,其计算公式为

$$Q_b = 1000(W - H' - E)F \tag{7.3.3}$$

式中,W 为隧址区的年平均降雨量(mm);H' 为隧道地表的径流深度(mm);h' 为隧址区年地下径流深度(mm);E 为隧道影响范围内的年地表蒸发量(mm);F 为地表水流域面积(km^2)。

在隧道开挖后实际渗水量 Q_s 的计算过程中,应考虑其安全系数,即

$$Q_s = Q_y = \frac{Q_b}{k} \tag{7.3.4}$$

式中,k 为安全系数,本书取值为 2.5。

由式(7.3.1)、式(7.3.3)、式(7.3.4)联立方程可得富水黄土隧道围岩注浆体渗透系数 K 为

$$K = \frac{581\ln\left\{\tan\dfrac{\pi(2H - 3r_0)}{4h} \cot \dfrac{\pi r_0}{4h}\right\}(W - H' - E)F}{\pi k(H - r_0)} \tag{7.3.5}$$

根据榆林子隧道的水文地质、气象、设计参数等条件确定式(7.3.5)中的各项参数,并计算得出隧道围岩注浆体渗透系数 $K = 1.46 \times 10^{-5}$ cm/s,该渗透系数为本次围岩注浆的最终控制指标。

7.3.3 可控注浆施工工艺

1) 注浆材料可控

为实现富水黄土隧道注浆材料的精准控制,在注浆过程中可根据注浆目标控制参数的实际情况灵活调整注浆材料配合比[123-125],结合本次注浆的实际情况,除注浆体渗透系数需符合上述计算结果外,还应使注浆材料凝结时间、渗透距离、溶解性等参数满足现场注浆的需求。因此,经过一系列的对比试验,本书最终采用 A、B 双浆液作为注浆材料,其配合比如下:

A 液:早强型 425♯水泥(kg):水(L):缓凝剂(L)=1:1:0.2;
B 液:水玻璃(L):水(L)=1:1.5。

在上述配合比中,为保证浆液在富水黄土地层中的渗透效果,早强型 425♯水泥应采用超细颗粒型水泥,其比表面积不小于 480 m^2/kg。根据现场注浆反馈情况可知,该浆液初凝及终凝时间分别为 25 min、60 min,结石率可达 96% 以上,基本满足富水黄土地层注浆加固的施工要求。

2) 注浆孔位置可控

注浆孔位置的精准控制是实现富水黄土隧道注浆范围合理、注浆效果可靠的基本保证,其主要通过注浆孔角度、深度来确定。为使富水黄土隧道地下水达到平衡状态,采用"水平注浆+辐射注浆"的方式在隧道周边形成一定渗透系数的注浆圈,并加固隧道掌子面围岩。水平注浆孔采用"外密内疏"的形式,即在开挖轮廓线内 0.5 m 范围内注浆孔间距为 0.5 m,孔深为 8 m,呈梅花状双层分布;而其余部位注浆孔间距为 1.5 m,孔深为 10 m,呈梅花状单层分布,其结构示意情况见图 7.3.4。辐射注浆孔以最外侧水平注浆孔位置为基础,沿竖向以一定夹角布设 5 个注浆孔,其具体辐射角、注浆孔深度、注浆段长度参数见表 7.3.1,其具体结构示意情况如图 7.3.5 所示。

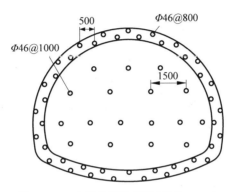

图 7.3.4　水平注浆孔布设(单位:mm)

表 7.3.1　辐射注浆孔基本参数

编号	辐射角/(°)	注浆孔深度/m	注浆段长度/m
n_1	15	11.58	9.65
n_2	25	7.09	5.91
n_3	35	5.23	4.36
n_4	45	4.24	3.53
n_5	55	3.66	3.05

注:辐射角为注浆孔与隧道轴线之间的夹角。

3) 注浆压力与注浆量可控

注浆压力是保证富水黄土隧道效果的重要指标,其决定了注浆扩散半径及浆液渗透效果。根据学者们的前期研究成果及现场注浆经验可知,黄土隧道注浆压力可根据如下经验公式进行确定:

$$P_{\max} = 1.8 P_1 + (1.5 \sim 2.0) \tag{7.3.6}$$

式中,$P_{\max}$ 为黄土地层注浆最大压力(MPa);P_1 为黄土地层孔隙水压力(MPa)。

为准确测取隧址区的孔隙水压力值,本书采用振弦式渗压计对隧道拱顶、拱肩、边墙、拱脚、仰拱等部位水压力进行测试,其压力值为 0.35～0.86 MPa;经计

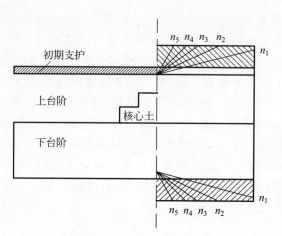

图 7.3.5　辐射注浆孔布设

算后,其隧道注浆压力为 2.13~3.55 MPa。

在富水黄土隧道注浆量方面,由于黄土地层节理裂隙发育不规则,且地层中陷穴、落水洞、地表裂缝等地质灾害分布较多,极易产生跑浆现象,严重影响注浆效果。为精准控制注浆量,首先根据学者们的前期研究成果及现场注浆经验,确定极限状态下单孔注浆量,即

$$Q_{极限} = \alpha \cdot \rho_{孔} \cdot S \cdot h \tag{7.3.7}$$

式中,α 为黄土节理裂隙中浆液的填充系数,可取 0.7~0.9;$\rho_{孔}$ 为黄土地层孔隙率;S 为浆液在黄土地层的扩散半径;h 为注浆孔深度。将各项参数代入上式中,可计算出单孔注浆量极限值,在注浆过程中应严格控制单孔注浆量在其极限值以内。

在上述各项参数的指导下,本书按照定孔位→钻机就位→钻孔至设计深度→提升钻具→移位→插花管、高压注浆的工序进行现场注浆,并在注浆过程中严格控制各项参数;当出现压力大幅变化、漏浆、溢浆等现象时,立即停止注浆,检查注浆参数,调整注浆方案,保证富水黄土隧道注浆效果,其现场具体情况如图 7.3.6 所示。

7.3.4　处治效果评价

1) 现场观察

对于利用水平注浆加固的隧道掌子面围岩,其在下一个循环开挖的过程中即可揭露出来,因此本书可直接对黄土隧道围岩节理裂隙浆液填充情况、浆脉分布情况等进行现场观察,从而初步判断其水平注浆效果,其现场注浆情况如图 7.3.7 所示。

从图 7.3.7 中可以看出,富水黄土隧道掌子面围岩节理裂隙明显被浆液填充,将节理裂隙中地下水挤出,提高黄土体密实性,降低其孔隙率;而且水平注浆在掌子面围岩体中形成了多条水平和斜向产状的浆脉,其分布规则、清晰,极大地提高了围岩的整体强度,改善了围岩的工程性质。在施工过程中,掌子面围岩含水量较上一循环所揭露出的围岩含水量低,并未出现渗水现象,且围岩整体稳定性好,未

(a) (b)

图 7.3.6 榆林子隧道注浆现场情况

(a) 注浆局部图；(b) 注浆全局图

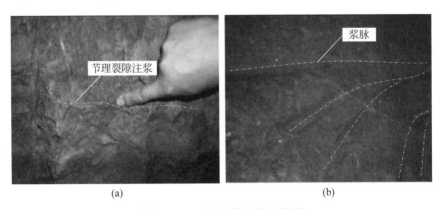

(a) (b)

图 7.3.7 水平注浆现场观察图

(a) 黄土体节理裂隙注浆情况；(b) 黄土体浆脉分布情况

出现掉块、局部塌方等病害。据此可初步判断，水平注浆对富水黄土隧道围岩的加固及堵水效果较好。

2) 渗透系数

注浆体渗透系数是评价辐射注浆效果的重要指标，也是富水黄土隧道能否达到地下水平衡状态的关键参数。本书通过现场取样、室内试验对隧道围岩注浆前后渗透系数进行准确测试，以全面、客观地评价辐射注浆效果。首先，选取该隧道典型的 3 个注浆加固断面，利用环刀(内径 61.8 mm，高 40.0 mm)对隧道拱顶、左拱肩、右拱肩、左边墙、右边墙、左拱脚、右拱脚、仰拱中心等 8 个关键部位注浆前后土体进行取样；其次，采用变水头试验法对各试样的渗透系数进行测试，每个试样应进行不少于 3 次试验，记录其不同水头差 Δh 所对应的时间 t，根据瞬时达西

（Darcy）定律计算其渗透系数，取其算术平均值作为该试样的渗透系数值，具体试验过程此处不再赘述，所得测试结果如图 7.3.8 所示。

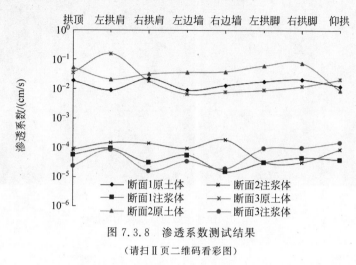

图 7.3.8　渗透系数测试结果
（请扫Ⅱ页二维码看彩图）

由图 7.3.8 中可以看出，该隧道围岩原土体渗透系数值分布在 $10^{-1} \sim 10^{-3}$ cm/s 区间，其最大值 0.16 cm/s 出现在断面 3 的左拱肩处；可见该富水黄土隧道围岩原土体具有高～中渗透性，其主要原因在于土体具有垂直节理，大孔隙及虫孔发育，为地下水渗透提供了良好的通道。在隧道注浆后，注浆体渗透系数值分布在 $10^{-3} \sim 10^{-5}$ cm/s 区间，其最大值为 1.5×10^{-3} cm/s，较原土体渗透系数下降 100 倍；而注浆体最小值为 1.9×10^{-5} cm/s，与目标渗透系数 1.46×10^{-5} cm/s 较为接近。由此可见，辐射注浆大幅降低了富水黄土隧道围岩的渗透系数，在隧道周围形成注浆圈，其渗透系数达到预期目标，有助于富水黄土隧道达到地下水平衡状态。

3) 黏聚力及内摩擦角

土体黏聚力及内摩擦角是评价黄土隧道围岩工程性质重要的物理参数，也是黄土隧道围岩分级重要的参考指标。为全面评价富水黄土隧道可控注浆加固技术对围岩工程性质的改善效果，本书采用三轴试验对原土体及注浆体的黏聚力、内摩擦角进行测试，该试验采用的仪器主要为 TCK-1 型三轴试验仪，属应变控制式三轴试验仪，其可实现在等应变加载方式下测试土体的抗剪强度参数。在试验过程中，首先选取该隧道典型的 3 个注浆加固断面，对其拱顶、左拱肩、右拱肩、左边墙、右边墙、左拱脚、右拱脚、仰拱中心等 8 个关键部位注浆前后土体进行取样：利用铁锹取出尺寸约为 10 cm×20 cm×10 cm 的土块，且用多层气泡膜对土块进行封装，放置入泡沫箱内运回实验室，从而避免在运输途中对土体强度产生扰动；其次，利用制样器、削土刀将土块削制成高 10 cm、直径 5 cm 的圆柱形试样；随后采用不固结不排水（UU）方式及在 200 kPa 围压下进行三轴试验，所得测试结果如图 7.3.9、图 7.3.10 所示。

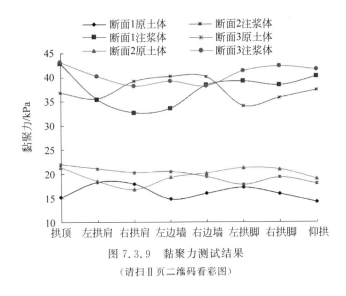

图 7.3.9 黏聚力测试结果

(请扫Ⅱ页二维码看彩图)

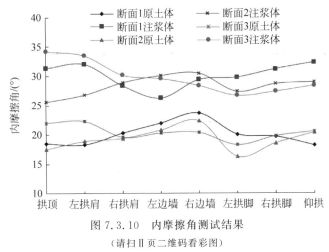

图 7.3.10 内摩擦角测试结果

(请扫Ⅱ页二维码看彩图)

从图 7.3.9 中可以看出,富水黄土隧道围岩原土体的黏聚力普遍较低,其最小值仅为 14.2 kPa,出现在断面 1 的仰拱部位,而最大值为 22.0 kPa,出现在断面 3 的拱顶部位;采用上述可控注浆加固技术后,各测点处注浆体的黏聚力明显增大,尤其是断面 1 的拱顶部位,土体黏聚力由 15.2 kPa 增加至 42.8 kPa,增幅达 181.6%。从图 7.3.10 中可以看出,原土体的内摩擦角值也普遍较低,其最小值仅为 16.3°,出现在断面 2 的左拱脚处,其最大值为 23.7°,出现在断面 1 的右边墙处;而注浆体内摩擦角普遍大于原土体的内摩擦角,其最大值达 34.2°,出现在断面 3 的拱顶处,而最大增幅则出现在断面 1 的拱顶处,其内摩擦角值由 18.5°增至 31.3°,其增幅达 69.2%。可见,采用上述可控注浆加固技术后,富水黄土隧道围岩体黏聚力 c、内摩擦角 φ 值均明显增大,其主要原因在于该浆液采用超细水泥-水玻璃浆液,其浆液颗粒比表面积较大,浆液渗透效果较好,在注浆压力作用下将土颗粒间的自由水排出,并填充黄土体中的垂直节理裂隙及大虫孔而形成浆脉,极大地提高了富水黄土隧道围岩的工程性质。

4) 数值模拟

为全面分析富水黄土隧道注浆加固效果,并为现场观察、室内试验研究结果提供补充,本书采用数值模拟方法分析未注浆(工况1)及注浆加固(工况2)两种工况下富水黄土隧道围岩塑性区和支护结构轴力分布特征,进而综合评价注浆加固的效果。在建立数值模型前,首先应作如下假定:①依托工程黄土地层为均质材料,且各向同性;②该问题属平面应变问题,且仅考虑自重应力场下围岩及结构的应力-应变情况。其次,明确隧道模型的边界范围,其左右两侧均取3倍的隧道洞径,下部取3倍的隧道净高,上部取实际地表埋深。该隧道围岩地质条件简单,从上到下依次为 Q_3、Q_2 黄土,其厚度分别为 18 m、62 m,地下水位距离地表 18 m,因此 Q_2 黄土在计算中应取饱和重度。在本模型中,围岩、衬砌、注浆体均采用实体单元 Plane42 来模拟,而初支采用梁单元(Beam3)来模拟,其具体物理力学参数见表 7.3.2。在模型的约束条件方面,其左右两侧施加水平及竖向约束,下部施加竖向约束,上部模拟实际地表,为自由面,该模型的具体情况如图 7.3.11 所示;计算后所得围岩塑性区分布情况及围岩竖向位移情况分别如图 7.3.12、图 7.3.13 所示。

表 7.3.2 模型材料的基本物理参数

类别	厚度/m	弹性模量/MPa	泊松比 μ	重度/(kN/m³)	内摩擦角/(°)	黏聚力/kPa
Q_3 黄土	18	48	0.33	16.2	22.0	25
Q_2 黄土	62	60	0.26	20.0	24.5	35
初期支护	0.28	24×10^3	0.20	25.0	—	—
衬砌	0.50	28×10^3	0.20	25.0	—	—
注浆体	3.0	1×10^3	0.22	22.0	32.0	120

(1) 围岩塑性区。

由图 7.3.12 可以看出,富水黄土隧道在工况 1 时的围岩塑性区主要集中在两侧拱肩、边墙及拱脚处,呈蝴蝶状,其分布范围较大,边墙处围岩径向破裂深度为 4.35 m,而两侧拱肩处围岩塑性区沿轴线 45°的方向向上发展,其最大延伸长度达 12.50 m,这也进一步验证了黄土隧道围岩在压力拱作用下的破裂形式。采用上述注浆加固措施后(即工况 2),围岩塑性区主要分布在两侧边墙及仰拱处,其整体发展范围较小,仅分布在开挖面的周围,径向破裂深度仅为 1.03 m,仅为工况 1 塑性区径向破裂深度的 1/10。可见,采用可控注浆加固技术对富水黄土隧道围岩进行加固后,极大地增强了土体强度,减小了围岩的塑性区分布范围,提高了富水黄土隧道围岩整体稳定性。

(2) 围岩竖向位移。

由图 7.3.13 可以看出,工况 1 下的富水黄土隧道围岩竖向位移主要发生在拱

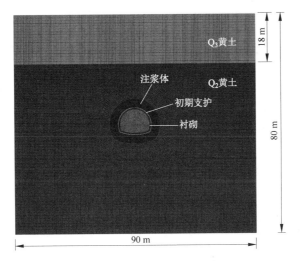

图 7.3.11　数值模型网格划分

（请扫Ⅱ页二维码看彩图）

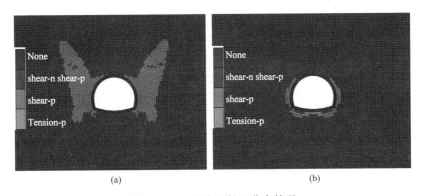

图 7.3.12　围岩塑性区分布情况

（a）未注浆；（b）注浆加固

（请扫Ⅱ页二维码看彩图）

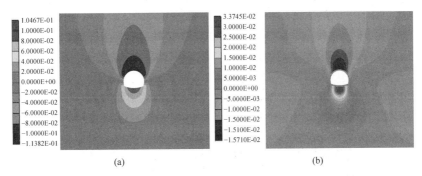

图 7.3.13　围岩竖向位移云图

（a）未注浆；（b）注浆加固

（请扫Ⅱ页二维码看彩图）

顶及仰拱处,其中拱顶处围岩位移值普遍较大,最大值达 0.1138 m;而仰拱处产生向上的位移量,即存在底板隆起病害,其隆起量最大值为 0.1047 m。在工况 2 中,注浆加固后的富水黄土隧道围岩竖向位移分布规律与工况 1 基本一致,均分布在拱顶及仰拱处,其拱顶沉降最大值为 0.0157 m,较工况 1 下的下沉最大值降幅达 86.2%;而仰拱向上位移最大值为 0.0337 m,较工况 1 下的底板隆起最大值降幅达 67.8%。可见,采取上述注浆工艺对富水黄土隧道围岩进行加固后,其竖向位移值明显减小,有效控制了隧道拱顶下沉及底板隆起病害的发生,有利于围岩及支护结构的整体稳定性,提高了富水黄土隧道服役性能。

7.4 基于碳纤维编织网的衬砌快速修复技术

7.4.1 工程背景

1) 工程概况

成王庄隧道是 G5 京昆高速祁(县)临(汾)段的重要控制性工程,地处太岳山脉东麓,西临汾河峡谷,地跨灵石、霍州两县市。该隧道为双向四车道分离式隧道,其设计时速为 80 km/h,两洞中轴线间距为 45 m,建筑限界净宽 10.25 m,限高 5 m;左洞全长 720 m,右洞全长为 470 m;隧道最大埋深 85 m。该隧道根据新奥法原理进行设计施工,采用三心曲墙式复合衬砌,初期支护结构采用注浆锚杆、钢筋网片、工字型钢支撑、喷射混凝土结构,在施工过程中辅以 Φ89 大管棚及 Φ50 小管棚作为超前支护型式;二次衬砌采用厚度为 50 cm 的模筑钢筋混凝土;隧道防排水系统采用复合式橡塑防水板及环向软式透水管,其中防水板设置在初期支护与二次衬砌之间。由于隧道进出口黄土冲沟发育,地势陡峭,洞口设置有明洞段,洞门采用翼墙式洞门,其具体情况如图 7.4.1 所示。

图 7.4.1 成王庄隧道出口地形情况

2）水文及地质条件

隧址区位于黄土梁、峁地带，其沟壑纵横，冲蚀切割作用强烈，地形较为破碎。尤其在隧道进出口段，其分布地层为第四系全新统冲洪坡积层（Q_4^{al+pl}），其岩性主要为粉土，呈褐黄色，其结构疏松，大孔隙发育，富含植物根须，偶含钙质结核，具有中等湿陷性；且其地形较为陡峻，围岩稳定性较差，极易发生崩塌、滑塌等地质灾害。隧道洞身段地层主要为晚第三系上新统静乐组（N_2^1），岩性主要为粉质黏土，呈褐红色，可塑—硬塑状，土质较为均匀，局部分布有钙质结核。隧道基底局部分布有泥岩、砂岩互层带，呈强风化-弱风化状，其节理裂隙较发育，呈碎块状。隧址区地下水类型主要为孔隙水及松散岩类裂隙水，其水量受地表降水垂直入渗补给；尤其在雨季，其地下水补给条件较好，隧道围岩富水性较好，围岩工程性质急剧下降，对隧道施工及运营造成极大的威胁。

3）隧道服役性能劣化现场情况

该隧道修建于 2001 年前后，至今运营年限已近 20 年。近年来，随着运营年限的不断增长，隧道病害频发，如隧道衬砌表面渗水、剥蚀、纵向开裂、环向开裂，以及冬季挂冰、冻胀等。其中，隧道出口段 100 m 范围内衬砌渗水严重，尤其在雨季，其呈滴漏、线漏状态，渗漏水蔓延至路面，影响隧道行车安全；同时，在长期渗漏水的影响下，隧道衬砌表面出现严重的剥蚀现象，其混凝土强度明显劣化，现场具体情况如图 7.4.2(a)所示。在隧道进出口段，衬砌边墙起拱线部位分布有多条纵向裂缝，其最大长度达 5.5 m，裂缝宽度为 0.5~2.5 mm，并伴随有湿渍、白色结晶体现象；同时，在该段隧道衬砌还分布有多条环向裂缝，其最大宽度达 5 mm，且裂缝处呈锯齿状，形状极不规则，现场具体情况如图 7.4.2(b)、(c)所示。在隧道出口 85 m 处，右侧隧道衬砌在冬季发生严重的挂冰现象，其挂冰高度达 3.5 m，厚度达 15~20 cm，且伴随有衬砌冻胀现象，在次年冰融后发现该处裂缝宽度进一步发展，对隧道整体稳定性产生极为不利的影响，现场具体情况如图 7.4.2(d)所示。

4）隧道服役性能劣化机理分析

针对成王庄隧道服役性能劣化的实际情况，本书在前文理论研究的基础上对该隧道性能劣化机理进行深入分析，从而有针对性地制定性能劣化处治方案，提高处治效果。首先，根据该隧道的地质资料可以看出，隧道洞口段围岩以 Q_4 黄土为主，其结构疏松，大孔隙发育，为地表水下渗提供了良好的通道，且该隧道基底分布有泥岩、砂岩互层带，形成了隔水层，使得地表水下渗后汇集到隧道周围，使得围岩含水量较高。根据第 5 章中浅埋偏压黄土隧道劣化特性的研究结果可知，隧道拱肩部位围岩压力及弯矩较大，导致该处衬砌纵向剪切裂缝的产生，并伴随有渗漏水、剥落等病害的发生；同时，由于该隧道段围岩具有一定的湿陷性，在地下水的长期作用下，产生明显的湿陷变形，导致隧道纵向变形不均衡，进而使得隧道衬砌产生环向裂缝。

地质雷达检测结果显示，该隧道洞口段衬砌背后拱脚部位存在多处空洞，其主

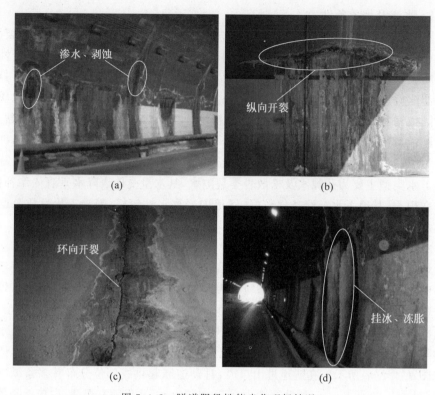

图 7.4.2 隧道服役性能劣化现场情况
(a)衬砌表面渗水、剥落；(b)衬砌纵向开裂；(c)衬砌环向开裂；(d)衬砌挂冰、冻胀

要原因在于隧道衬砌背后大量积水，在长期排水的过程中带走黄土中细小颗粒，使得隧道围岩被"掏空"，进而形成局部空洞。根据第 3 章中关于隧道衬砌背后存在空洞的力学计算分析结果可知，空洞分布位置越靠下，埋深越大，其对衬砌结构水平方向的应力分布影响就越明显；可以说，该隧道拱脚处空洞极大地影响了其水平应力分布状态，导致其水平应力分布不均衡，进一步加剧了衬砌结构的劣化程度。

7.4.2 基于性能劣化机理的隧道衬砌快速修复技术

通过上述针对成王庄隧道劣化机理的分析可知，该隧道衬砌劣化程度较高，结构承载能力大幅衰减，衬砌背后局部围岩劣化严重，整体应力分布极不均衡，衬砌开裂、渗漏水、剥落、冻胀等劣化形式具有明显的发展趋势，对隧道服役性能构成严重威胁。因此，本书利用碳纤维编织网、注浆锚杆对隧道衬砌及其背后局部围岩进行全面加固，从而形成集结构加固、围岩加固于一体的快速修复技术，以彻底解决该隧道面临的一系列的服役性能劣化问题。

1) 碳纤维编织网加固隧道衬砌的理论基础

碳纤维编织网增强混凝土（TRC）作为一种新型的加固材料，采用碳纤维编织网作为加筋体,以精细混凝土作为黏结剂,因此其在隧道衬砌病害加固工程应用中具有如下优点:加固层与原隧道衬砌结构具有较好的协调性,且其加固层的高温稳定性、耐久性较好;加固层在施工过程中具有高流动性、自密实性,可较好地填补隧道衬砌表面的缺陷;同时,其具有力学性能好、施工方便、快捷、成本低等优势。为将碳纤维编织网加固技术引入富水黄土隧道病害处治工程中,本书在已有研究的基础上,从材料本构关系出发,分析其加固隧道衬砌的力学模型,为富水黄土隧道病害处治奠定理论基础。

(1) 基本假定。

为简化碳纤维编织网加固隧道衬砌力学模型的分析过程,本书首先做如下假定:①TRC 加固层与原隧道衬砌混凝土表面黏结良好,且在受力过程中,TRC 加固层中的碳纤维编织网与精细混凝土、原隧道衬砌中钢筋与混凝土间无相对滑移,其应力-应变呈连续状;②隧道衬砌各截面在受力过程中始终为平截面,隧道衬砌受力状态为偏心受压型,且其侧面变形符合正弦半波函数;③混凝土所承受的拉应力较小,可忽略不计;④原隧道衬砌中钢筋和混凝土材料符合完全弹塑性本构关系。

(2) 碳纤维编织网加固隧道衬砌的力学模型。

根据前期研究成果[126-127],碳纤维编织网本构关系为双折线的线性关系,其具体公式为

$$\sigma'_f = \begin{cases} \varepsilon'_f \dfrac{\sigma_{fy}}{\varepsilon_{fy}}, & 0 \leqslant \varepsilon_f \leqslant \varepsilon_{fy} \\ m + k\varepsilon'_f, & \varepsilon_{fy} \leqslant \varepsilon_f \leqslant \varepsilon_{fu} \end{cases} \qquad (7.4.1)$$

$$m = \sigma_{fy} - \dfrac{\sigma_{fu} - \sigma_{fy}}{\varepsilon_{fu} - \varepsilon_{fy}} \qquad (7.4.2)$$

$$k = \dfrac{\sigma_{fu} - \sigma_{fy}}{\varepsilon_{fu} - \varepsilon_{fy}} \qquad (7.4.3)$$

式中,ε_f、ε'_f 分别为碳纤维编织网的名义应变及实际应变;ε_{fz} 为隧道衬砌前期受力所产生的碳纤维编织网的滞后应变;采用碳纤维编织网增强混凝土加固隧道衬砌后,在二次受力结构中的 $\varepsilon'_f = \varepsilon_f - \varepsilon_{fz}$。

基于上述变形平截面的假定条件,根据几何关系,可得碳纤维编织网滞后应变 ε_{fz} 为

$$\varepsilon_{fz} = \dfrac{h_f - h_c}{h - h_c} \varepsilon'_t \qquad (7.4.4)$$

式中,h_f 为碳纤维编织网中心与衬砌受压区上边缘之间的距离;h_c 为衬砌受压区的高度;h 为隧道衬砌截面厚度;ε'_t 为施作 TRC 加固后的隧道衬砌混凝土受拉侧边缘处的应变值。上述各物理量的几何关系及 TRC 加固隧道衬砌的力学关系如图 7.4.3 所示。

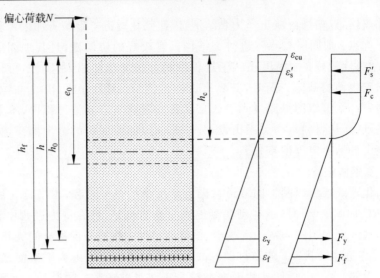

图 7.4.3 TRC 加固隧道衬砌的力学模型

根据图 7.4.3,可得出隧道衬砌及加固层各个组成部分的应变量:

$$\begin{cases} \varepsilon_f = \dfrac{h_f - h_c}{h_c}\varepsilon_c & (碳纤维编织网) \\ \varepsilon_s = \dfrac{h_0 - h_c}{h_c}\varepsilon_c & (受拉区钢筋) \\ \varepsilon'_s = \dfrac{h - a'_s}{h_c}\varepsilon_c & (受压区钢筋) \end{cases} \qquad (7.4.5)$$

式中,h_0 为隧道衬砌截面的有效厚度;ε_c 为隧道衬砌受压区边缘的应变;a'_s 为隧道衬砌混凝土受压区的保护层厚度。

由于隧道衬砌通常情况下为偏心受压构件,可将隧道衬砌分解为偏压短柱体,其侧面变形为正弦半波曲线,即

$$y = u_m \sin\frac{\pi}{L}z \qquad (7.4.6)$$

式中,u_m 为隧道衬砌截面在荷载作用下的最大挠度;L 为偏心受压构件的截面高度;z 为偏心受压构件横截面位置至短柱底部的高度。

偏压短柱的正截面的变形曲率为

$$\varphi = \frac{M}{EI} = \frac{d^2 y}{d^2 z} = -\frac{\pi^2}{L^2}u_m \qquad (7.4.7)$$

将上述偏压短柱体的正截面划分成 n 个微单元平面,根据平截面变形的基本性质可得出各微单元平面的应变值为

$$\varepsilon_i = \varepsilon_0 + \varphi x_i \qquad (7.4.8)$$

式中,ε_0 为偏压短柱正截面形心处应变值;ε_i 为第 i 个微单元的形心处应变值;x_i 为第 i 个微单元中心至截面形心处的距离。

2) 基本结构及方案

基于上述碳纤维编织网增强混凝土加固隧道衬砌的基本理论,结合成王庄隧道的工程实际情况,本书研发了一种基于碳纤维编织网的隧道衬砌快速修复结构,其结构主要包括自进式中空注浆锚杆、工字钢、碳纤维编织网、U 形钩以及复合砂浆层。其中,工字钢设置在待修复隧道衬砌上;自进式中空注浆锚杆的一端沿待修复隧道衬砌的径向伸入待修复隧道衬砌中,另一端与工字钢相连;碳纤维编织网铺设在待修复隧道衬砌的内壁上并通过 U 形钩与设置在工字钢相连;碳纤维编织网的内表面喷射有复合砂浆层,其具体结构如图 7.4.4~图 7.4.8 所示。

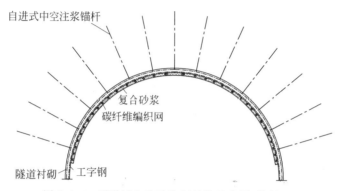

图 7.4.4 隧道衬砌快速修复结构示意图(横断面)

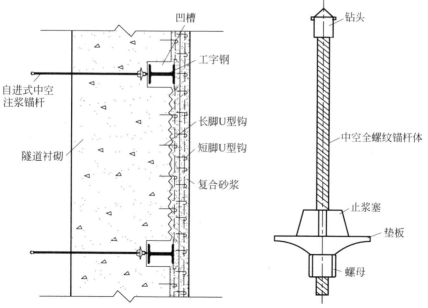

图 7.4.5 隧道衬砌快速修复结构示意图(纵断面)　图 7.4.6 自进式中空注浆锚杆结构示意图

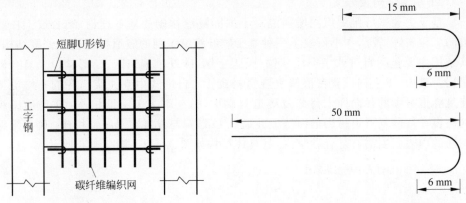

图 7.4.7 碳纤维编织网布设示意图　　图 7.4.8 长、短脚 U 形钩示意图

在上述结构中,碳纤维编织网可以是一层或多层,应根据拟加固隧道衬砌的力学性状进行计算;与此对应的是,复合砂浆层也是一层或多层,当碳纤维编织网是多层时,碳纤维编织网以及复合砂浆层交替设置在待修复隧道衬砌的内壁上;待修复隧道衬砌的内壁上设置有凹槽,工字钢埋设在凹槽中。

自进式中空注浆锚杆包括中空全螺纹锚杆体、螺母、止浆塞、垫板以及钻头;中空全螺纹锚杆体包括前端以及与远离前端的尾端;钻头设置在中空全螺纹锚杆体的前端;螺母、垫板以及止浆塞依次套在中空全螺纹锚杆体上并与中空全螺纹锚杆体螺纹连接。

中空全螺纹锚杆体的前端沿待修复隧道衬砌的径向伸入待修复隧道衬砌中;中空全螺纹锚杆体的尾端与工字钢相连;中空全螺纹锚杆体外径不低于 28 mm,抗拉强度≥650 MPa,长度不低于 3.5 m。

U 形钩包括短脚 U 形钩和长脚 U 形钩。短脚 U 形钩包括 U 形钩部以及与 U 形钩部相连的短脚部,U 形钩部勾住碳纤维编织网的纤维束交接处,短脚部与工字钢相连;长脚 U 形钩的一端钩住碳纤维编织网,另一端伸入待修复隧道衬砌上。

碳纤维编织网的厚度不低于 0.167 mm;碳纤维编织网中单束碳纤维的横截面面积不低于 0.78 mm^2。

复合砂浆由硅酸盐水泥、粉煤灰、石膏粉、玻化微珠、聚丙烯纤维、丁苯橡胶乳液、硫酸钠、硫酸铝、铁粉、减水剂以及引气剂制备而成,各组分的具体质量比为 80∶20∶60∶30∶3∶1∶1∶1∶2∶3∶3。

3) 具体施工步骤

(1) 施作凹槽、处理隧道衬砌表面:首先在隧道衬砌表面切割两条平行切缝;其次凿除两切缝间的混凝土,形成底面为平面且具有一定深度的凹槽;再刷除凹槽内浮渣,并用水清洗干净,同时将待修复隧道衬砌的表面进行凿毛处理,清洗并去除混凝土碎屑。

(2) 径向注浆加固:在待修复隧道衬砌的凹槽内沿环向打设自进式中空注浆

锚杆,使自进式中空注浆锚杆沿径向伸入待修复隧道衬砌背后围岩中,卸下钻机,安装止浆塞,然后通过注浆机将锚杆尾端与注浆泵相连,压注水泥水玻璃双液浆,待注浆完成后,安装垫板及螺母;所述水泥水玻璃双液浆的体积比是 1∶0.6～1∶1。

(3) 嵌入工字钢:将工字钢嵌入凹槽内,并将工字钢与中空全螺纹锚杆体尾部进行焊接。

(4) 铺设第一层碳纤维编织网:在待修复隧道衬砌表面钻孔,钻孔完成后用水清除孔内浮渣,并在工字钢翼缘焊接短脚 U 形钩,铺设第一层碳纤维编织网,使工字钢翼缘上的短脚 U 形钩勾住碳纤维编织网的纤维束交接处;然后用长脚 U 形钩一端勾住碳纤维编织网,另一端插入钻孔中,利用环氧树脂胶注入钻孔内以固定长脚 U 形钩。

(5) 喷射第一层复合砂浆:待隧道衬砌表面用水浸湿后,将配制好的复合砂浆喷射到第一层碳纤维编织网和隧道衬砌之间以及碳纤维编织网的表面;值得注意的是,在喷射复合砂浆之前,先用环氧树脂对碳纤维编织网进行浸渍,再在碳纤维编织网表面均匀喷撒细砂,所述细砂粒径为 0.5～0.8 mm,每平方米碳纤维编织网喷撒细砂量是 1.3～1.5 kg。

(6) 铺设第二层碳纤维编织网、喷射第二层复合砂浆:在第一层复合砂浆凝固之前,铺设第二层碳纤维编织网,用短脚 U 形钩一端勾住碳纤维编织网,另一端插入第一层复合砂浆中,喷射第二层复合砂浆。

(7) 复合砂浆养护:由于隧道衬砌修复后形成大面积的复合砂浆层,传统养护方法效率较低,应在复合砂浆表面喷洒薄膜养生液,即将过氯乙烯树脂料溶液用喷枪喷涂在复合砂浆表面上,该溶液挥发后在其表面形成一层塑料薄膜,将混凝土与空气隔绝,减缓复合砂浆中水分的蒸发以保证水化作用的正常进行,其养护时间不得少于 7 d。

4) 技术优势

(1) 该隧道衬砌修复结构采用自进式中空注浆锚杆,一方面加固隧道围岩,提高围岩整体性及稳定性;另一方面浆液通过挤密和劈裂作用填充了颗粒间的孔隙并固结,从而封堵隧道围岩中的空隙、裂隙等渗水通道,降低围岩的透水性,减小隧道衬砌外水压力。

(2) 利用工字钢、碳纤维编织网、复合砂浆对隧道衬砌进行加固,既发挥了工字钢的侧向刚度大、抗弯能力强等优势,又发挥了碳纤维编织网、复合砂浆的韧性强、承载力高、耐久性好、质量轻、防寒防火性能好等优势。

(3) 该结构既从宏观上对隧道围岩及衬砌结构进行了力学加固,又从微观上避免隧道衬砌表面出现剪切剥离破坏,实现对隧道衬砌结构全面、彻底、快速的修复。

(4) 本技术可大幅提高隧道围岩的自身强度和自稳能力,有效改善隧道衬砌结构的力学性能,提高其整体稳定性;且其有效避免隧道衬砌表面出现剪切剥离破坏,提高其防冻、防火性能;同时,本技术具有施工步骤简单、可操作性强、工程造价较低、承载能力强、力学性能好等优点,实现了对隧道衬砌的快速修复。

7.5 隧道病害综合处治技术体系

通过本书上述一系列的研究可以看出,富水黄土隧道在服役期受施工缺陷、服役环境等因素的影响,其结构及围岩劣化程度较高,劣化产生机理复杂,且表现形式多样。目前,富水黄土隧道服役期病害主要表现为衬砌裂缝、渗漏水、背后空洞/层间脱空、底板隆起等。然而,现有《公路隧道养护技术规范》(JTGH 12—2015)、《公路隧道加固技术规范》(JTG/T 5440—2018)等标准、规程将黄土隧道与岩质隧道统一处理,其给出的评判指标、处治措施针对性不足,未充分考虑富水黄土隧道服役性能的劣化机理及特点;因此,现有规范对富水黄土隧道服役性能劣化处治的指导具有较强的局限性,导致其病害评判指标不明确,处治效果良莠不齐,严重阻碍了富水黄土隧道建养技术的发展。

鉴于此,本书在上述研究的基础上,结合现有标准及规程,充分考虑富水黄土隧道服役性能劣化机理,细化病害评判指标,有针对性地给出了衬砌裂缝、渗漏水、背后空洞/层间脱空、底板隆起等主要病害的处治措施,从而提出了基于性能劣化的富水黄土隧道病害综合处治技术体系,提高富水黄土隧道病害处治措施的可操作性,为制修订富水黄土隧道病害处治规范提供借鉴。富水黄土隧道病害综合处治技术体系的具体情况见表7.5.1。

表 7.5.1 富水黄土隧道病害综合处治技术体系

病害类型	劣化机理	评判指标	处治措施
衬砌裂缝	富水黄土隧道围岩劣化度高,围岩压力由变形压力逐渐转变为松散压力,支护结构所承受的荷载增大;施工质量差,衬砌混凝土产生温缩裂缝、错台等	裂缝宽度 $W \leqslant 0.2$ mm	表面封闭法(喷射水泥砂浆、聚合物改性水泥砂浆)
		裂缝宽度 $0.2 < W \leqslant 1.0$ mm	凿槽注胶(改性环氧树脂、改性聚氨酯等)
		裂缝宽度 $1.0 < W \leqslant 3.0$ mm	粘贴钢板、碳纤维复合材料
		裂缝宽度 $3.0 < W \leqslant 5.0$ mm,且有发展趋势	喷射混凝土、锚杆加固
		裂缝宽度 $5.0 < W \leqslant 30.0$ mm,且有发展趋势	嵌入钢拱架、围岩注浆
		裂缝宽度 $W > 30.0$ mm,并伴随发生错台、衬砌剥落、渗漏水等病害	套拱加固、围岩注浆

续表

病害类型	劣化机理	评判指标	处治措施
渗漏水	黄土垂直节理裂隙发育,地表水下渗后使围岩含水量增大;开挖卸荷作用使隧道形成汇水廊道,裂隙水入渗;黄土细小颗粒堵塞排水管,排水系统失效	浸渗(衬砌表面有潮湿痕迹及明显的流挂水膜现象,渗水量 $S \leq 3$ L/d)	喷射 SWF 混凝土、防水砂浆、聚合物材料等防水材料进行表面封闭
		滴漏(衬砌表面出现水珠,每分钟至少滴落 1 滴,渗水量 3 L/d $< S \leq 30$ L/d)	凿槽充填止水材料、凿槽注浆、埋管引排
		涌流(渗漏水呈线状滴漏,渗水量 30 L/d $< S \leq 100$ L/d)	围岩注浆堵水、埋管引排(明排法、暗排法)
		喷射(渗漏水呈股状喷出,渗水量 $S > 100$ L/d)	降低隧址区地下水位(打设降水井、渗沟、盲井等)、增设泄水孔
空洞/层间脱空	富水黄土隧道围岩强度衰减严重,初期支护变形较大;围岩开挖过程中易产生超挖现象;大量排水导致黄土细小颗粒被带走,衬砌背后土体被"掏空"	隧道局部存在个别轴向尺寸 $L \leq 1.0$ m 的空洞或层间脱空	衬砌背后局部注浆(水泥砂浆、高聚合物浆液等)
		隧道存在多处轴向尺寸 $L > 1.0$ m 的空洞或层间脱空	围岩注浆(普通水泥浆液、水泥-水玻璃浆液等)
底板隆起	未设置仰拱或仰拱回填不密实,使其承载力不足;隧道基底围岩劣化程度高,产生不均匀沉降	隆起量 $U \leq 2$ cm,且伴随发生有周边收敛、拱顶下沉等衬砌变形现象	打设锁脚锚杆(管)、增设横撑
		隆起量 2 cm $< U \leq 5$ cm,且仰拱回填不密实,仰拱厚度不足,承载力差	仰拱补强、仰拱加深
		隆起量 $U > 5$ cm,且伴随有隧道基底围岩含水量高、承载力严重下降	隧底换填、隧底注浆、树根桩加固、灰土桩加固、钢管桩加固、旋喷桩加固

7.6 本章小结

本章基于富水黄土隧道服役性能劣化机理,结合现有病害处治技术,利用理论分析、现场观察、室内试验、数值模拟等手段研究富水黄土隧道可控注浆加固技术及衬砌病害快速修复技术,并提出富水黄土隧道病害综合处治技术体系,所得研究结论如下所述。

(1)富水黄土隧道病害现有处治技术主要围绕围岩加固、衬砌渗漏水处治、衬砌结构加固三个方面,其具体方法主要包含:帷幕注浆、WSS 注浆、高压旋喷桩、地表水封堵及引排、注浆封堵、洞内引排、粘贴 W 钢带、钢拱架+注浆锚杆、增设套拱。各方法应用局限性较大,处治效果不明确,且现有处治技术对富水黄土隧道病害特点的针对性不足。

(2) 基于地下水平衡理念,结合银百高速榆林子隧道的工程实际情况,研究注浆体渗透系数、注浆材料、注浆孔位置、注浆压力与注浆量等参数的精细化设计技术,实现富水黄土隧道的可控注浆加固;通过现场观察浆脉分布情况、测试注浆体渗透系数和抗剪强度、数值模拟分析围岩塑性区及竖向位移,可以看出,可控注浆加固技术在富水黄土隧道围岩性状劣化处治中取得了良好的效果。

(3) 基于碳纤维编织网增强混凝土基本理论,结合京昆高速成王庄隧道的工程实际情况,研发了衬砌结构病害快速修复技术;既从宏观上对隧道围岩及衬砌结构进行了力学加固,又从微观上避免隧道衬砌表面出现剪切剥离破坏,实现对富水黄土隧道衬砌结构服役性能劣化的高效、快速修复。

(4) 基于富水黄土隧道服役性能劣化机理,细化病害评判指标,提出了基于性能劣化的富水黄土隧道病害综合处治技术体系,提高其处治效果,为制修订富水黄土隧道病害处治技术规范提供借鉴。

参 考 文 献

[1] 扈世民.大断面黄土隧道围岩变形特征及控制技术研究[D].北京:北京交通大学,2012.
[2] 李健,谭忠盛.大断面黄土隧道初期支护与围岩相互作用机理研究[J].现代隧道技术,2013,50(3):79-86.
[3] 陈建勋,姜久纯,罗彦斌.黄土隧道洞口段支护结构的力学特性分析[J].中国公路学报,2008,21(5):75-80.
[4] 陈建勋,乔雄.黄土隧道浅埋偏压洞口段套拱结构受力监测与分析[J].建筑科学与工程学报,2011,28(1):100-105.
[5] 孙辉.黄土连拱隧道围岩与支护结构稳定性研究[D].重庆:重庆大学,2005.
[6] 刘新荣,孙辉,陈晓江,等.黄土连拱隧道二次衬砌的结构分析与监测研究[J].岩土工程学报,2005,27(6):695-697.
[7] 孙钧,侯学渊.地下结构[M].北京:科学出版社,1988.
[8] 孙钧.隧道力学问题的若干进展[J].西部探矿工程,1993,5(4):1-7.
[9] 曾小清.面向21世纪的隧道施工力学研究[J].地下工程与隧道,1996(4):1-7.
[10] 赵明阶.岩石力学[M].北京:人民交通出版社,2011.
[11] 沈明荣,陈建峰.岩体力学[M].上海:同济大学出版社,2006.
[12] 中华人民共和国交通运输部.JTG 3370.1—2018 公路隧道设计规范[S].北京:人民交通出版社,2018.
[13] 王明年,郭军,罗禄森,等.高速铁路大断面深埋黄土隧道围岩压力计算方法[J].中国铁道科学,2009,30(5):53-58.
[14] 王明年,郭军,罗禄森,等.高速铁路大断面黄土隧道深浅埋分界深度研究[J].岩土力学,2010,31(4):1157-1162.
[15] 赵勇,李国良,喻渝.黄土隧道工程[M].北京:中国铁道出版社,2011.
[16] 吴飞洁,邵生俊,佘芳涛.黄土隧道围岩压力的一种极限平衡理论计算方法研究[J].西安理工大学学报,2016,32(3):338-342.
[17] 夏桂云,俞茂宏,李传习,等.考虑地基水平摩阻的Winkler地基Timoshenko梁分析[J].西安理工大学学报,2011,44(6):98-104.
[18] LEUNG C,MEGUID M A. An experimental study of the effect of local contact loss on the earth pressure distribution on existing tunnel linings [J]. Tunnelling and Underground Space Technology, 2011 (26): 139-145.
[19] 应国刚,张顶立,陈立平,等.荷载结构模型在拱顶空洞存在情况下的修正[J].土木工程学报,2015,48(S1):181-185.
[20] 薛晓辉,张军,姚广,等.公路隧道衬砌注浆加固力学特性研究[J].公路交通科技,2017,34(4):93-100.
[21] 余宾赛.基于离散-连续耦合方法的黄土隧道压力拱效应研究[D].西安:西安科技大学,2019.
[22] 扈世民.黄土隧道围岩压力拱效应分析[J].铁道学报,2014,36(3):94-99.

[23] 潘皇宋,杜广印,王坤,等.无衬砌黄土隧道压力拱模型试验及数值模拟[J].东南大学学报(自然科学版),2019,49(5):949-955.

[24] 马富丽,白晓红,王梅,等.考虑非饱和特性的黄土湿陷性与微观结构分析[J].防灾减灾工程学报,2012,32(5):636-642.

[25] 谷天峰,王家鼎,郭乐,等.基于图像处理的 Q_3 黄土的微观结构变化研究[J].岩石力学与工程学报,2011,30(S1):3185-3192.

[26] 杨更社,张长庆.岩体损伤及检测[M].西安:陕西科学技术出版社,1998.

[27] 李晓军,张登良.CT 技术在土体结构性分析中的应用初探[J].岩土力学,1999,20(2):62-66.

[28] 葛修润,任建喜,蒲毅彬,等.岩土损伤力学宏细观试验研究[M].北京:科学出版社,2004.

[29] 蒲毅彬,陈万业,廖全荣.陇东黄土湿陷过程的 CT 结构变化研究[J].岩土工程学报,2000,22(1):49-54.

[30] 唐文栋.湿陷性黄土的静力特性及三轴试验过程的扫描研究[D].西安:长安大学,2003.

[31] 孙红,葛修润,蒲毅彬,等.三轴应力条件下上海灰色粘土的细观试验研究[J].岩土力学,2004,25(9):1455-1459.

[32] ROGASIK H,ONASCH I,BRUNOTTE J,et al. Assessment of soil structure using X-ray computed tomography[J]. Geological Society London Special Publications,2003,215(1):151-165.

[33] 汪时机,陈正汉,李贤,等.土体孔洞损伤结构演化及其力学特性的 CT-三轴试验研究[J].农业工程学报,2012,28(7):150-154.

[34] 赵淑萍,马巍,郑剑锋,等.基于 CT 单向压缩试验的冻结重塑兰州黄土损伤耗散势研究[J].岩土工程学报,2012,34(11):2019-2025.

[35] 姚志华,陈正汉,李加贵,等.基于 CT 技术的原状黄土细观结构动态演化特征[J].农业工程学报,2017,33(13):134-141.

[36] 田俊峰,叶万军,杨更社.含水量及冻融循环对黄土隧道围岩变形规律影响研究[J].公路,2015,5(5):271-276.

[37] 朱合华,叶斌.饱水状态下隧道围岩蠕变力学性质的试验研究[J].岩石力学与工程学报,2002,21(12):1791-1796.

[38] 崔强,段辉顺,毛矛,等.不同气候环境下黄土胶结性状的试验研究[J].地下空间与工程学报,2019,15(1):52-59.

[39] 王力,李喜安,赵宁,等.黏粒含量对黄土物理力学性质的影响[J].中国地质灾害与防治学报,2018,29(3):133-142.

[40] 王兰民,袁中夏,汪国烈.饱和黄土场地液化的工程初判和详判指标与方法研究[J].地震工程学报,2013,35(1):1-8.

[41] 简涛,李喜安,王力,等.颗粒组构对黄土压缩特性及其粒间状态的影响[J].科学技术与工程,2018,18(30):212-219.

[42] 焦丹,任芮花,王铁行,等.土壤含盐量对电势作用下黄土水分迁移影响试验研究[J].中南大学学报(自然科学版),2019,50(12):3075-3083.

[43] 王铁行,曹怀长,焦丹,等.电势作用下非饱和黄土水分迁移试验研究[J].地下空间与工程学报,2018,14(4):994-998.

[44] 杨秀娟,汪源,樊恒辉,等.孔隙溶液酸碱度对重塑黄土工程性质的影响研究[J].长江科

学院院报,2018,35(9):92-97.

[45] 金蒨,谭红兵,张玉东,等.黄土高原典型山地_沟壑区地下水水化学特征及成因_以六盘山地区为例[J].水文,2017,37(2):89-96.

[46] 薛富春.富水黄土隧道隧底动力特性研究[D].成都:西南交通大学,2007.

[47] 孙志杰,袁杰.富水黄土隧洞加固方式对其力学响应的影响[J].水利与建筑工程学报,2016,14(2):172-177.

[48] 苏春晖,马建林,李曙光.富水黄土围岩含水量变化对隧道稳定性影响的数值模拟分析[J].铁道建筑,2008(4):32-34.

[49] 陈昌禄,邵生俊,张喆.人工制备结构性黄土的真三轴试验研究[J].岩土力学,2013,34(8):2231-2237.

[50] 张延杰,李建东,王旭,等.人工制备湿陷性黄土地基地下连续墙浸水试验研究[J].岩土工程学报,2018,40(S1):73-80.

[51] ASSALLAY A M,ROGERS C D F,SMALLEY I J. Formation and collapse of metastable particle packings and open structures in loess deposits[J]. Engineering Geology,1997,848:101-115.

[52] ZOURMPAKIS A,BOARDMAN D I,ROGERS C D F. Creation of artificial loess soils[C]// Proc of the Int Conf from Experimental Evidence Towards Numerical Modeling of Unsaturated Soils. Springer,2005,1:123-134.

[53] 刘博诗,张延杰,王旭.人工制备湿陷性黄土微观结构分析[J].工程地质学报,2016,24(6):1240-1246.

[54] ZHANG Y J,WANG X,LIANG Q G,et al. 2013. Development of model testsimilar material of collapsible loess[J]. Chinese Journal of Rock Mechanics and Engineering,32(S2):4019- 4024.

[55] 张玉伟.黄土地层浸水对地铁隧道结构受力性状的影响研究[D].西安:长安大学,2017.

[56] 陈浩,杨春和,李丹,等.软岩隧道锚杆支护作用的模型试验研究[J].岩石力学与工程学报,2009,28(S1):2922-2927.

[57] 林春金.运营隧道衬砌渗漏水机理及注浆治理研究[D].济南:山东大学,2017.

[58] MILLER H. Modeling the collapse of metastable loess soils[D]. UK:Nottingham Trent University,2002.

[59] 马腾飞,李树忱,李术才,等.不同倾角多层节理深部岩体开挖变形破坏规律模型试验研究[J].岩土力学,2016,37(10):2899-2908.

[60] 郑升宝.公路隧道地震响应分析及减震层模型试验[D].重庆:重庆交通大学,2016.

[61] 来弘鹏,杨万精,谢永利.基于双洞效应的黄土公路隧道地层变形规律离心模型试验[J].四川大学学报(工程科学版),2013,45(4):39-45.

[62] 杨万精.基于离心模型试验的黄土公路隧道变形与围岩压力特征研究[D].西安:长安大学,2013.

[63] 陈建勋,乔雄.黄土隧道浅埋偏压洞口段套拱结构受力监测与分析[J].建筑科学与工程学报,2011,28(1):100-105.

[64] 苑俊廷,林丽芳,席继红,等.超前管棚支护在浅埋偏压黄土隧道施工中的应用[J].现代隧道技术,2011,48(6):137-140.

[65] 王洪峰,钟祖良.超浅埋大偏压分离式黄土隧道大变形灾害及治理[J].地下空间与工程学报,2012,8(S2):1841-1845.

[66] 董春连,罗云林,刘建辉.智能化振弦式混凝土应力计的研究与实现[J].基础自动化,1994(2):29-31.

[67] 陈常松,颜东煌,陈政清,等.混凝土振弦式应变计测试技术研究[J].中国公路学报,2004,17(1):29-33.

[68] 张辉,付东波,雷毅,等.振弦式传感器在矿压测量中的应用研究[J].煤矿开采,2007,12(6):5-7.

[69] 金伟良,张恩勇,邵剑文,等.分布式光纤传感技术在海底管道健康监测中的应用[J].中国海上油气(工程),2003,15(4):5-8.

[70] 何玉钧.基于自发布里渊散射的分布式光纤传感技术的研究[D].华北电力大学,2001.

[71] 岳慧敏,代志勇,刘永智,等.BOTDR分布式光纤传感器研究进展[J].激光杂志,2007,28(4):4-5.

[72] 高俊启,张巍,施斌.涂覆和护套对分布式光纤应变检测的影响研究[J].工程力学,2007,24(8):188-192.

[73] 张丹,施斌,徐洪钟.基于BOTDR的隧道应变监测研究[J].工程地质学报,2004,12(4):480-484.

[74] 丁勇,施斌,孙宇,等.基于BOTDR的白泥井号隧道拱圈变形监测[J].工程地质学报,2006,14(5):649-653.

[75] 吴智深,施斌,原田隆郎,等.可用于结构健康监测的BOTDR光纤变形检出特性的试验研究[J].土木工程学报,2005,38(8):56-73.

[76] 代志勇,袁勇,刘永智.基于光纤应力传感的山体滑坡监测系统研究[J].光学与光电技术,2004,2(3):51-53.

[77] 隋海波,施斌,张丹,等.边坡工程分布式光纤监测技术研究[J].岩石力学与工程学报,2008,27(S2):3725-3731.

[78] 尚金光.基于物联网模式的隧道变形监测预警系统研究[D].成都:西南交通大学,2012.

[79] KARL S. Modern Monitoring System Software Development [A]. The 10th FIG International Symposium on Deformation Measurements,2001,3:88-100.

[80] LEE J S. Installation of real-time monitoring system for high-speed railroad tunnel[J]. KoreanTunnel Association,2001(3):63-67.

[81] 季文献,厉小润,王晶.基于传感器信息融合技术的智能隧道监控系统[J].有色冶金设计与研究,2011,32(4-5):141-144.

[82] 周纯杰,黄雄峰,秦元庆.无线传感器网络隧道施工监控系统设计与实现[J].计算机工程与设计,2011,32(7):2501-2504.

[83] 王婷.基于Zigbee的无线传感器网络在桥梁健康监测系统中的应用研究[D].重庆:重庆大学,2009.

[84] 伍毅敏.隧道位移实时监测系统开发及其数据应用技术研究[D].西安:长安大学,2004.

[85] 孟陆波,李天斌,李永林,等.公路隧道信息化施工与计算机辅助决策系统研究[J].地球与环境,2005(S1):79-83.

[86] 陈成林,李斌.隧道信息化施工技术与监控量测[J].水运工程,2005(7):57-61.

[87] 王建秀,朱合华,唐益群.高速公路隧道跟踪监测及承载状况诊断[J].土木工程学报,2005,38(2):110-114.

[88] 尚荣丽,张生瑞.高速公路隧道交通安全保障系统的研究[J].公路,2006(12):127-130.

[89] 顾吟,杨建宏,梁之坚.城市隧道运行管理模糊综合评价方法[J].市政技术,2006,24(5):

311-316.

[90] 伍国军,陈卫忠,刘豆豆,谭贤君.基于连续介质模型的隧道衬砌结构可靠性研究岩土力学,2006(S1):359-363.

[91] 胡建华,徐玉桂.基于 GIS 的隧道病害管理系统设计与实现[J].计算机工程与设计,2012,33(5):2090-2094.

[92] 徐晓核,张永兴,欧敏,等.基于 GIS 的公路隧道监控管理信息开发及应用[J].地下空间与工程学报,2007,3(1):78-82.

[93] 吴丽平,赵卓,陈绮,等.基于三层架构的系统管理软件的研究与设计[J].计算机工程,2006,32(17):283-285.

[94] 伍美华,陈平志.桥梁隧道健康检测与智能管理系统研究[J].华东公路,2010(1):45-47.

[95] 李艳华.大型桥梁与隧道的管理系统[J].公路,2001(12):107-109.

[96] 李朋.桥梁隧道健康检测与智能管理系统探究[J].黑龙江交通科技,2014,(4):102-103.

[97] 刘鹏飞,梁树文,郑亮亮.帷幕注浆加固法在高含水率黄土隧道中的应用[J].地下空间与工程学报,2018,14(4):1137-1144.

[98] 高王峰.帷幕注浆在黄土隧道浅埋富水段施工中的应用[J].石家庄铁道大学学报(自然科学版),2017,30(S):162-166.

[99] 李玉平.太平隧道黄土地层帷幕注浆技术的应用[J].公路隧道,2010,71(3):31-33.

[100] 曾德光,谢保良,肖双泉,等.WSS 工法灌浆技术的应用研究[J].市政技术,2006,24(4):237-240.

[101] 王志德.WSS 工法在城市隧道穿越基础加固工程中的应用[J].施工技术(增),2005:291-295.

[102] 张臻.二重管无收缩双液 WSS 工法注浆技术在基坑施工中的应用[J].建筑技术,2009,40(2):138-140.

[103] 薛晓辉,张军,宿钟鸣,等.山岭公路隧道富水黄土地层注浆加固技术[J].辽宁工程技术大学学报(自然科学版),2016,35(3):278-282.

[104] 薛晓辉,张军,宿钟鸣,等.富水黄土隧道注浆加固机制及效果评价.重庆交通大学学报(自然科学版),2015,34(4):34-38.

[105] 薛晓辉,张军.公路隧道富水黄土地层可控注浆加固技术研究[J].西南大学学报(自然科学版),2016,38(6):180-187.

[106] 陈良.复合注浆技术应用研究高压旋喷注浆和静压注浆的时序结合[D].沈阳:沈阳建筑大学,2006.

[107] 吕强.高压喷射注浆地层加固技术在地铁工程中的设计与应用[D].四川:西南交通大学,2002.

[108] 尹里.高压旋喷注浆法在原有码头地基处理中的应用研究[D].广州:华南理工大学,2006.

[109] 杨震.高压喷射注浆法防渗加固机理与施工技术应用研究[D].长沙:中南大学,2008.

[110] 赖金星,樊浩博,谢永利,等.旋喷桩加固黄土隧道地基固结分析[J].长安大学学报(自然科学版),2016,36(2):73-79.

[111] 李宁,朱运明,谢定义,等.大断面饱和黄土隧洞成洞条件研究[J].岩土工程学报,2000,22(6):639-642.

[112] 乔春生,管振祥,滕文彦.饱水黄土隧道变形规律研究[J].岩土力学,2003,24(S2):225-230.

[113] 刘海京,夏才初,朱合华,等.隧道病害研究现状与进展[J].地下空间与工程学报,2007(5):947-951.

[114] 赵国旗.铁路隧道衬砌开裂病害整治方法初探[J].岩石力学与工程学报,1996,15(4):385-389.

[115] 李武,朱合华.连拱隧道典型裂缝、渗漏水病害调查与分析研究[J].安徽理工大学学报(自然科学版),2006,26(2):20-25.

[116] 何川,唐志成,汪波,等.内表面补强对缺陷病害隧道结构承载力影响的模型试验研究[J].岩土力学,2009(2):406-412.

[117] 刘学增,周若阳,游贵良,等.Ⅵ级围岩公路隧道衬砌粘贴钢板和粘贴碳纤维布加固方法对比试验研究[J].科学技术与工程,2017,17(34):130-135.

[118] 刘华莉,师刚.运营公路隧道衬砌病害力学模型及粘贴钢板加固研究[J].混凝土与水泥制品,2017(3):75-80.

[119] 孙文龙.毛坪隧道衬砌缺陷致害机理与加固措施研究[D].重庆:重庆交通大学,2014.

[120] 代高飞,朱合华,夏才初.某公路隧道病害成因分析与治理研究[J].中国安全科学学报,2005,15(12):89-92.

[121] 吴孟军,张永兴,刘新荣.公路隧道病害处治技术研究[J].地下空间与工程学报,2007,3(5):967-971.

[122] 朱大力,李秋枫.预测隧道涌水量的方法[J].工程勘察,2000(4):18-22.

[123] 高东波,周凯.岩溶富水黄土隧道可控注浆施工技术研究[J].现代隧道技术,2012,49(6):172-175.

[124] 李立新,邹金锋.破碎岩体隧道注浆参数确定方法[J].中南大学学报(自然科学版),2013,44(8):3432-3439.

[125] 涂鹏,王星华.海底隧道注浆材料试验研究及工程应用[J].铁道工程学报,2010,144(9):51-54.

[126] 尹世平.TRC基本力学性能及其增强钢筋混凝土梁受弯性能研究[D].大连:大连理工大学,2010.

[127] 徐世烺,尹世平.纤维编织网增强细粒混凝土加固RC受弯构件的正截面承载性能研究[J].土木工程学报,2012,45(1):1-7.